Kvænangen

IN DER TROMS

Lyngen

Insel Senja

Andøy

VESTERÅLEN

Langøy

Hinnøy

Hadseløy

Vestvagøy

LOFOTEN

Austvagøy

Moskenesøy

Flakstadøy

KÜSTEN AM
POLARKREIS

Zwischen Glomfjord
und Saltfjord

Gletscherküste

P O L A R K R E I S

Am Polarkreis

LOFOTEN NORDMEER-KÜSTEN

Entdecken und Erleben

ROLF REINICKE

LOFOTEN NORDMEERKÜSTEN

Entdecken und Erleben

DELIUS KLASING VERLAG

Fotos und Texte: *Rolf Reinicke*

Lektorat und Vignetten, Fotos bzw. Zeichnungen auf den Seiten
35u, 61ur, 69um, 94ur, 112ol, 174o, 208u, 209ol und 209u,
Texte auf den Seiten 76, 115, 194/195, 208: *Inge Reinicke*

Die Daten für das Relief der Karten wurden freundlicherweise von *Geological
Survey of Norway, Trondheim, zur Verfügung gestellt.*

Titelfoto: Im Hafen von Hovden/Langøy
Foto Seite 2: Frühling in Reine/Moskenesøy
Foto oben: Kirche in Flakstad/Flakstadøy

Bibliografische Information der Deutschen Nationalbibliothek
Die Deutsche Nationalbibliothek verzeichnet diese Publikation in der
Deutschen Nationalbibliografie; detaillierte bibliografische
Daten sind im Internet über http://dnb.d-nb.de abrufbar.

ISBN 978-3-7688-1925-1
(Die bislang erschienene Auflage dieses Buches wurde von der DSV-Verlags GmbH,
Hamburg, unter der ISBN 3-88412-416-1 herausgegeben.)

© by Delius, Klasing & Co. KG, Bielefeld

Grafik und Layout: Matthias Reinicke
Druck: Girzig + Gottschalk, Bremen
Printed in Germany 2007

Delius Klasing Verlag, Siekerwall 21, D - 33602 Bielefeld
Tel.: 0521/559-0, Fax: 0521/559-115
E-Mail: info@delius-klasing.de
www.delius-klasing.de

INHALT

NORDMEERKÜSTEN

Entdecken und Erleben

Ungewöhnliche Küstenlandschaften, grandiose Szenerien und Gebirge am Meer ... beeindruckend und von herber Schönheit sind die Bilder norwegischer Ufer, Inseln und Fjorde. Nur wenige andere Küsten unserer Erde wurden von der Natur ähnlich großartig ausgestattet: Feuerland, Alaska, Neuseeland. Hier in Norwegen sind sie uns am nächsten, vergleichsweise gut erreichbar und zugänglich.

Der Zauber dieser ungemein anziehenden Landschaft liegt gleichermaßen in den grandiosen Küstenbildern ihrer steilwandigen Bergmassive am Meer wie in deren Kontrast zu den eher lieblichen Uferzonen, die überall zu finden sind. Der charakteristische flache Uferstreifen, die „Strandflate", ist hier – anders als im norwegischen Fjordland – besonders ausgeprägt und säumt viele Ufer. Trotz des alpinen Reliefs hat daher der Besucher im Küstensaum meist freie Beweglichkeit, erfährt kaum Begrenzung oder Einengung durch steil ins Meer stürzende Kliffs. Über die vielen landschaftlichen Gemeinsamkeiten hinaus besitzt dennoch jede der hier beschriebenen Regionen oder Inseln ihre Eigenarten.

Hinzu kommt eine so üppige Pflanzenwelt, wie man sie kaum vermutet in einer Region, deren nördliche Lage eigentlich arktische Kargheit und Strenge mit sich bringen sollte. Eine warme Meeresströmung beschert jedoch dieser Küste nördlich vom Polarkreis ein Klima, das von anderen Regionen auf diesen Breitengraden völlig abweicht und eine entsprechende Pflanzenwelt hervorbringt. All das zusammen ergibt eine solche Vielfalt der Natur, von der mancher, der erstmals ins Nordland reist, überwältigt, vielleicht sogar verwirrt sein wird. Und überall begegnet man den zahlreichen Zeugnissen der traditionellen Nutzung dieses reich gegliederten Küstensaumes, in dem die Fischerei seit Menschengedenken eine überragende Rolle spielt. Dabei entstanden reizvolle Fischerorte, die vielfach in ursprünglicher Form erhalten geblieben sind.

Die Fahrt ins Nordland ist lang und anstrengend. Oft trübt wechselhaftes Wetter die Erlebnisse. Bei manchen Besuchern überlagern, ja überstürzen sich die Impressionen. Einige mögen sogar bedrückt sein von der raschen Folge grandioser Landschaften. Wer zudem versucht, das Ganze in möglichst kurzer Zeit „abzuarbeiten", könnte mit dem unbestimmten Gefühl nach Hause fahren, etwas versäumt zu haben.

Das vorliegende Buch möchte helfen, sich die Nordmeerküsten leichter und besser zu erschließen. Dabei stehen nicht die vom Menschen gemachten Dinge im Vordergrund, sondern die großartige Natur und Landschaft. Bilder und Texte zeigen und beschreiben deren bemerkenswerte Vielfalt und Schönheit sowie die zahlreichen Möglichkeiten, sie selbst zu entdecken und zu erleben – so wie es zahlreiche Freunde der Nordmeerküsten – Wanderer, Angler, Wassersportler, Vogel- und Pflanzenfreunde – schon lange mit großer Begeisterung tun.

Dass dieses Buch von Naturfreunden gemacht ist, die sich nördlich vom Polarkreis mit dem „Nordland-Virus" infiziert haben und seither der Faszination der Arktis unheilbar erlegen sind, ist unübersehbar – und das soll es auch sein.

▶ *Islandmuschel auf einem Sandstrand der Lofoten.*

DREI MILLIARDEN JAHRE ERDGESCHICHTE

Geologischer Bau und Gesteine

Norwegen ist ein ungewöhnliches Gebirgsland: In seiner Längserstreckung verläuft es annähernd deckungsgleich mit dem markanten Gebirgszug, welcher an der norwegischen Atlantikküste so großartige Landschaftsszenerien bildet und dessen Name recht geläufig ist: das Kaledonische Gebirge. Bis zu 2.800 Meter Höhe erreicht es im Landesinneren. Unmittelbar an der Küste streben die Berge stellenweise fast 2.000 Meter aus dem Meer empor.

Der Blick auf die geologische Übersichtskarte zeigt eine markante Grenze, die das Kaledonische Gebirge an der norwegischen Küste von der uralten Landmasse des Baltischen Schildes im Osten trennt. Diese Trennlinie verläuft über weite Strecken ungefähr so wie die heutige Grenze zwischen Norwegen und Schweden. Nur der äußerste Nordosten sowie der Süden und Südosten Norwegens zählen zum Baltischen Schild. Dieser Baltische Schild besteht aus verschiedenen Gebirgen, die im Präkambrium entstanden und längst bis auf ihre Wurzeln abgetragen wurden. Hier finden sich Gesteine, die durchweg älter sind als 1,4 Milliarden Jahre. Der Baltische Schild war einst der Kern eines Urkontinents, oder besser: der Kontinentalplatte „Baltica".

Was ist eine Kontinentalplatte? Die feste Erdkruste bildet bekanntlich kein einheitliches Ganzes, sondern besteht aus einzelnen Platten, die auf dem plastisch reagierenden Oberen Erdmantel beständig ihre Lage verändern: Sie driften auseinander oder gegeneinander. Dieser Fakt, die Kontinentaldrift, ist wichtig für das Verständnis der geologischen Vorgänge, die zur Bildung von Gebirge führten und führen.

Das Kaledonische Gebirge

Im Kambrium, vor etwa 550 Millionen Jahren, lagen sich in ähnlicher Position wie heute Europa und Nordamerika zwei Kontinentalplatten gegenüber: Baltica und Laurentia. Auch sie waren durch einen Ozean getrennt. Beide bewegten sich aufeinander zu – sehr, sehr langsam, wenige Zentimeter pro Jahr. Dabei schob sich die ozeanische Erdkruste unter die Kontinentalplatte Baltica. Die vorher während Millionen Jahren am Meeresboden vor der Küste Balticas abgelagerten, viele hundert Meter mächtigen Schichten von Sedimentgesteinen (hauptsächlich Tonschiefer, Grauwacke, Sandstein und Kalkstein) wurden dabei zusammengeschoben, empor-

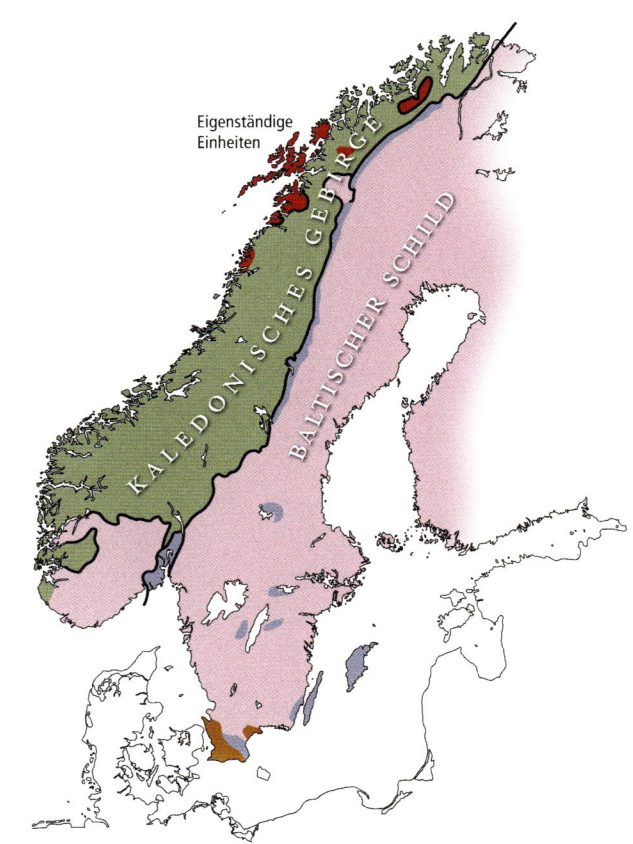

Eigenständige Einheiten

KALEDONISCHES GEBIRGE

BALTISCHER SCHILD

▲ *Die großen geologischen Baueinheiten Skandinaviens. – Der Baltische Schild besteht im Wesentlichen aus den Wurzeln verschiedener uralter Gebirge (Bildung vor ca. 2,8 bis 1,7 Milliarden Jahren). Das Kaledonische Gebirge ist aus Gesteinen aufgebaut, die vor ca. 550 bis 420 Millionen Jahren entstanden. Lofoten und Vesterålen zählen zu eigenständigen Baueinheiten, deren Gesteine bis zu 2,8 Milliarden Jahre alt sind.*

◄ *Pegmatitgang im Gneis. – Der uralte graue Gneis bei Å im Süden der Lofotinsel Moskenesøy zählt mit seinem Alter von rund 2,7 Milliarden Jahren zu den ältesten Gesteinen Skandinaviens. Ihn durchzieht ein wesentlich jüngerer Gesteinsgang aus hellem, grobkörnigem, feldspatreichem Pegmatit. Solche Ganggesteine entstanden beim Eindringen glutflüssiger Schmelzen in Spalten. Die Lage des Ganges ist auch auf dem Foto von Seite 74 erkennbar – der helle Streifen in den Uferklippen.*

gedrückt und durch den gewaltigen Schub in gigantische Falten gelegt. Unter Hitze und Druck entstanden aus ihnen metamorphe Gesteine, Umwandlungsgesteine – kristalline Schiefer und Marmor. Die Spuren der eingeschlossenen Fossilien wurden dabei ausgelöscht. Längs der Küste Balticas kam es im Ordovizium und Silur zu intensivem Vulkanismus. Im Devon, vor rund 400 Millionen Jahren, kollidierte schließlich der sich nähernde Kontinent Laurentia mit Baltica und ließ den Ozean verschwinden. Aus den Tiefen des Erdmantels drangen glutflüssige Schmelzen in die Schichten ein und erstarrten dort. So entstand das Kaledonische Gebirge, ein Faltengebirge etwa doppelt so hoch wie heute die norwegischen Gebirge.

Spätestens 100 Millionen Jahre nach seiner Entstehung war das Kaledonische Gebirge verschwunden, durch Verwitterung völlig eingeebnet. Zurück blieben nur seine tief reichenden Wurzeln – eine ebene Landschaft, die fast nahtlos überging in die des Baltischen Schildes. Reste dieser einstigen weiträumigen Ebene (des Fjellplateaus) kann man noch heute auf den Hochflächen der norwegischen Gebirge finden, beispielsweise auf der ausgedehnten Hardangervidda.

Uralte Gesteinskomplexe

Die Lofoten und Vesterålen gehören nicht zum eigentlichen Kaledonischen Gebirge, sondern bilden eine eigenständige geologische Einheit. Auf den Inseln finden sich hauptsächlich uralte Umwandlungsgesteine wie Gneis sowie Tiefengesteine wie Granit und Gabbro. Die Gneise auf Moskenesøy, Langøy und Hinnøy zählen mit ihrem Alter von etwa 2.700.000.000 Jahren zu den ältesten ganz Norwegens und sind damit gleich alt oder sogar älter als viele Gneise des Baltischen Schildes. Mit ihnen haben sie aber nur das hohe Alter gemeinsam. Die gewaltigen uralten Gesteinskomplexe, deren Ausläufer auch auf der Insel Senja und im Gebiet des Lyngen

zu finden sind, bilden regelrecht Fremdkörper im geologischen Bauplan des Gebietes. Sie sind möglicherweise als „Terranes" von irgendwo, vielleicht von sehr weit her, als riesige Gesteinskomplexe wie Inseln auf der ozeanischen Kruste gegen das im Entstehen begriffene Kaledonische Gebirge gedriftet und mit ihm verschweißt worden.

Ein neues Gebirge

Während der Kreidezeit, vor rund 120 Millionen Jahren, riss der einst aus Laurentia und Baltica gebildete Großkontinent etwa an der alten Nahtstelle wieder auseinander. Dadurch entstand der Atlantik, der sich immer weiter öffnete. Deshalb liegt die östliche Hälfte der Gesteinskomplexe des Kaledonischen Gebirges heute in Norwegen, die westliche auf Ost-Grönland. Später begann sich ganz Skandinavien langsam zu heben, besonders stark im Westen, am europäischen Kontinentalrand, also längs der neuen Küstenlinie am Atlantik. Dort entstand an der Stelle des eingeebneten Kaledonischen Gebirges ein neues, das heutige norwegische Gebirge. Sein markantes Relief erhielt diese einseitig stark herausgehobene Platte durch intensive Verwitterung im Laufe vieler Millionen Jahre. Schließlich bekam die ungewöhnliche Landschaft während der Eiszeit ihren „letzten Schliff".

Die norwegischen Gebirgsmassive sind also kein junges Faltengebirge wie beispielsweise die Alpen. Was man heute gern als Kaledonisches Gebirge bezeichnet, besteht zwar aus gefalteten Gesteinen der Wurzeln des längst eingeebneten Kaledonischen Gebirges, ist aber – genauer betrachtet – nur dessen Nachfolger.

▶ *Gabbroklippen. – Diese Klippen aus dunklem Gabbro bei Vestre Nesland auf Flakstadøy zählen zu den ausgedehnten Vorkommen verschiedener, etwas jüngerer Tiefengesteine in den uralten Gneisen der Lofoten und Vesterålen. Ihre rundlichen Formen erhielten sie durch Eisschliff.*

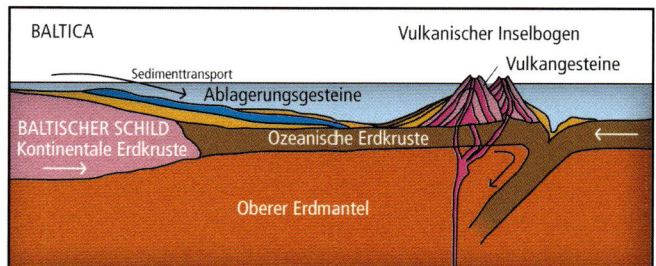

A
Entstehung des Kaledonischen Gebirges (Schema). – Situation am Westrand des Baltischen Schildes vor ca. 500 Millionen Jahren.

B
Weil sich kontinentale und ozeanische Erdkruste gegeneinander bewegten, schob sich die ozeanische Kruste unter die kontinentale.

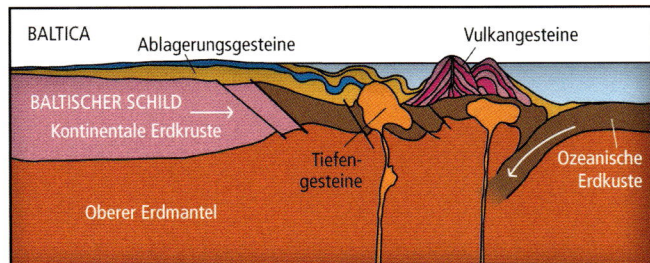

C

Bei den Krustenbewegungen wurden auch Vulkan- und Tiefengesteine gebildet.

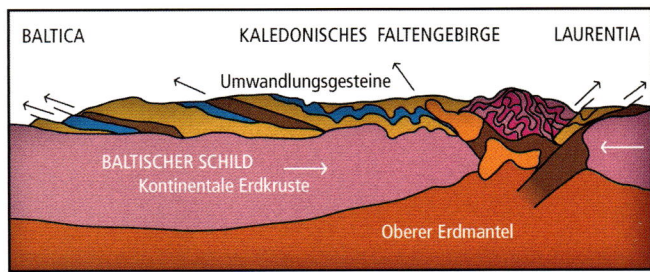

D

Als die Kontinentalplatten Baltica und Laurentia zusammenstießen, kam es zur endgültigen Formung des Faltengebirges.

▲ *Gesteinsfalten. – Durch den gewaltigen Druck bei der kaledonischen Gebirgsbildung wurde diese Wechselfolge aus Schichten von hellem Marmor und dunkleren kristallinen Schiefern in Falten gelegt. Das Ganze ist im Uferbereich des Meeres unterschiedlich intensiv verwittert. Dadurch treten jetzt die härteren Schichten plastisch hervor. Am RV 17 südlich Saltstraumen.*

▶ *Gesteinsfalte. – Dieser etwa zehn Quadratmeter große Gletscherschliff vor dem Engenbreen am Svartisen zeigt dunklen Glimmerschiefer und hellen Marmor in engstem Wechsel. Die fein geschichteten Gesteine sind einstige Meeresablagerungen – Tonschiefer und Kalkstein. Sie wurden während der kaledonischen Gebirgsbildung durch gewaltigen Druck gefaltet und gerieten gleichzeitig unter hohe Temperaturen. Das führte zu einer Umwandlung von Mineralen und Gefüge der Gesteine – sie wurden zu Umwandlungsgesteinen.*

◀ *Steilufer bei Mulstøa. – Uralte Gneise, zweieinhalb Milliarden Jahre alte Umwandlungsgesteine, bilden die Kliffs an der Außenküste von Moskenesøy.*

VOM WERDEN DER LANDSCHAFT

Formung und Veränderungen

W er die großartigen Landschaftsformen an der norwegischen Küste verstehen
möchte, der muss viele Millionen Jahre in die Vergangenheit zurückblicken.
Die langsame, einseitige Hebung im Westen der alten, eingeebneten Kontinentalmasse
Skandinaviens erfolgte im Tertiär – einem Zeitraum von 70 bis 2 Millionen Jahren –,
also in jüngster geologischer Vergangenheit, noch vor der Eiszeit. Wir wissen zwar
nicht genau, wann das durch Hebung entstandene neue Gebirge am Nordatlantik
„fertig" war und wie es ursprünglich aussah. Fest steht aber, dass mit dem Aufsteigen
des Gebirges seine Verwitterung begann – jener Vorgang, der alle Berglandschaften
der Erde entscheidend formt.

Die längste Zeit seines Bestehens wurde dieses Gebirge
ebenso geformt wie heute viele andere Gebirge der Erde
in wärmeren Klimazonen: Die Gesteine verwitterten. Die
Flüsse gruben tiefe Täler in die Landschaft und teilten
sie so in einzelne Massive. Das fließende Wasser spülte
die bei der Verwitterung entstandenen Lockermassen
weg und trug sie ins nahe Meer. So erhielt die gehobene
Flachlandtafel, das Fjellplateau, ein „echtes" Hochge-
birgsrelief.

Küste vor der Eiszeit
Bereits bei seiner Entstehung grenzte das norwegische
Gebirge ans Meer. Über Jahrmillionen formte hier der
Nordatlantik eine inselreiche, gebirgige Küste und schuf
gewaltige Steilufer. Die unablässige Brandung ließ besonders die exponiert gelegenen Kliffs beständig zurück-
weichen. Dabei entstand an manchen Stellen vor der Küste, abhängig von Art und Lagerung der Gesteine, eine
ausgedehnte, nahezu ebene Brandungsterrasse. Auf ihr
war das Meer flach – nur so tief, wie seine zerstörende
Brandung (Abrasion) wirkte. Diese „Abrasionsplatte"
finden wir heute besonders auf den Lofoten und Vesterålen als Küstenebene (Strandflate) wieder. Insgesamt
besaß die Landschaft ihre Grundformen also bereits vor
der Eiszeit.

Eiszeitgeschichte
Im ausgehenden Tertiär vollzog sich weltweit ein gra-
vierender Klimawandel – es wurde langsam, aber beständig kälter. Vor reichlich zwei Millionen Jahren bildeten sich die ersten Gletscher auf den skandinavischen
Gebirgen. Damit begann die eigentliche Eiszeit – eine

Folge mehrerer Vereisungen (Kaltzeiten), von denen El-
ster-, Saale- und Weichsel-Vereisung die wichtigsten waren. Viele zehntausend Jahre lang fielen während der
Kaltzeiten die Niederschläge in Skandinavien nur als
Schnee. Dadurch entstand jeweils eine gigantische Gletschermasse, das Inlandeis, das in seinem weit landeinwärts gelegenen Zentrum zeitweise eine Dicke von bis
zu 3.000 Metern erreichte. Von dort aus glitt das Eis in
alle Richtungen auseinander.

Unterm Inlandeis begraben
Während der Saale-Vereisung war der mächtige Eispan-
zer am dicksten. Er schob sich über ein riesiges Areal
und bedeckte ganz Nordeuropa sowie Teile von Mit-
tel – und Westeuropa – so wie es die Karte zeigt. An
der norwegischen Küste besaß das sich beständig vor-
wärts schiebende Inlandeis eine solche Dicke, dass es
die Gebirge nahezu vollständig bedeckte. Nur einige besonders hohe Gipfel ragten hier als „Nunataker" (Inselberge) aus der Eismasse. Die Landschaften, also die
Gesteine unter dem Inlandeis, wurden abgehobelt, ge-
glättet, geschliffen und poliert; das vorher vorhandenen
Relief neu geformt, gerundet.

▶ *Gletscherschliff im Nordosten der Åmøy (Svartisen-Region). –
Solche während der Eiszeit vom Inlandeis (oder von gewaltigen
Talgletschern) geschliffenen Gesteinsflächen findet man an der
Küste häufig an der Basis steiler Berge. Deren höher gelegene Teile
waren während der letzten Vereisung nicht vom Eis bedeckt und
zeigen daher oft die Spuren einer intensiven Verwitterung.*

▲ *So könnte es gewesen sein: Vor etwa 120.000 Jahren, während der Saale-Kaltzeit, ragen nur die höchsten Gipfel der Bergmassive des heutigen Küstengebietes als „Nunataker" aus dem über 1.000 Meter dicken Inlandeis.*

▼ *So könnte es gewesen sein: Vor etwa 20.000 Jahren, während der Weichsel-Kaltzeit, gleiten gewaltige Talgletscher („Abflussgletscher") von dem weit landeinwärts liegenden, im Hintergrund erkennbaren Inlandeis zur Küste. Die dunklen Streifen auf dem Gletscher sind Mittelmoränen – lockeres Gesteinsmaterial, das auf dem Eis ins Meer transportiert wird. Kargletscher und intensive Verwitterung formen die Bergmassive.*

Die beiden Fotos zeigen die Ostküste Grönlands, aufgenommen aus ca. 10.000 Meter Höhe.

Eis an der Nordmeerküste

Mit einer gigantischen Front schob sich damals das Inlandeis auch hinein in den Ozean, auf dem es eine mächtige schwimmende Eisplatte bildete, das Schelfeis. Fortwährend brachen an seiner hohen Außenkante gewaltige Eisberge ab. Dichtes Packeis bedeckte weite Teile des Nordatlantiks, der lange Zeit im Jahr zum großen Teil zugefroren war. Der Meeresspiegel sank während der Kaltzeiten um weit mehr als 100 Meter unter sein heutiges Niveau. Zwischen den Vereisungen lag er zeitweise sogar etwas höher als in der Gegenwart, denn es war damals sogar wärmer als heute und ganz Skandinavien eisfrei.

Während der letzten großen Vereisung, in der Weichsel-Kaltzeit, besaß das Inlandeis nicht mehr die Dicke der vorhergehenden Saale-Kaltzeit. Es rückte zwar wieder an die Küste heran, erreichte aber nur an einigen Stellen die Ufer. Meist floss es in Form gewaltiger Einzelgletscher (Gletscherzungen) zur Küste hin ab und formte dabei die charakteristischen Trogtäler. Einige besonders tief ausgeschürfte Gletschertäler wurden später zu Fjorden, wie beispielsweise der Lyngsfjord.

Mancher dieser gewaltigen „Abflussgletscher" schob sich bis zu den vorgelagerten Inseln, so zu den Lofoten und den Vesterålen. Dort glitt das schürfende Eis durch die niedrig gelegenen Areale und über die frühere Abrasionsplatte, während es die hohen Bergmassive selbst nicht berührte. An deren Berghängen bildeten sich in dieser Zeit zahlreiche kleine Einzelgletscher. Durch sie erhielten viele der Inselberge ihre charakteristische spitzgipfelige Form. Alle eisfreien Areale unterlagen gleichzeitig einer besonders intensiven Verwitterung. Durch Frostsprengung entstanden jene ausgedehnten Blockmeere und Schuttfächer, die noch heute an manchen Berghängen der Inseln zu finden sind.

Moränen und Geschiebe

Milliarden Tonnen von Lockermaterial – vom Eis abgeschürfte, zerkleinerte oder zerriebene Gesteinsmassen – wurden im Laufe der Vereisungen von den skandinavischen Gebirgen abgetragen und an anderer Stelle als Moränen oder Schmelzwassersedimente abgelagert. Ganz Norddeutschland trägt eine Dutzende Meter starke Decke aus solchen eiszeitlichen Ablagerungen. Auch in westlicher Richtung, zur Nordmeerküste hin, transportierte das Eis die Lockermassen. Doch das meiste davon blieb nicht an Land, sondern gelangte auf den Grund des Atlantiks. Die eiszeitlichen Ablagerungen liegen heute auf dem Schelf, am Kontinentalhang oder sogar, durch gewaltige Rutschungen dorthin transportiert, in der Tiefsee. Geblieben sind im Küstengebiet nur wenige eiszeitliche Endmoränen. Man wird besonders dort auf sie aufmerksam, wo an der Außenküste charakteristische

Blockstrände aus gut gerundeten Geschieben liegen. Dabei handelt es sich meist um ausgewaschene Endmoränen, die bereits zweimal in der Brandungszone lagen. Solche Blockstrände findet man beispielsweise bei Bleik (Andøy), Nykvåg (Langøy) und Unstad (Vestvågøy).

Senkung und Hebung

Der gewaltige Druck des Inlandeises auf die feste Erdkruste hatte zur Folge, dass ganz Skandinavien während der Vereisungen langsam in den plastisch reagierenden Oberen Erdmantel einsank. Nach dem Abschmelzen des Eises setzte die Ausgleichsbewegung ein, eine langsame, heute noch andauernde Landhebung, die sich auch an der Nordmeerküste auswirkt.

▲ *Küstenebene und Bergmassive auf Andøy. – Diese Ebene ist eine lange vor der Eiszeit vom Meer geformte Abrasionsplatte. Sie wurde während der Eiszeit von Gletschern geschliffen, danach vom Meer überflutet. Im Verlaufe der letzten 6.000 Jahre tauchte sie aus dem Wasser auf und lief trocken. Heute bedecken ausgedehnte Moore diese auch als Strandflate bezeichnete Ebene. Derartige Strandflaten vor oder zwischen den Bergmassiven gehören zu den besonders charakteristischen Landschaftselementen an der Nordmeerküste.*

Mit dem Ende der letzten Vereisung vor ca. 12.000 Jahren und dem weltweiten Abschmelzen des Eises stieg der Meeresspiegel rasch an. Dabei drang das Meer wieder in die heutigen Küstenareale am Nordmeer ein und überflutete auch die damals noch etwas tiefer gelegene Strandflate. Ungefähr vor 4.000 Jahren erreichte der Meeresspiegel sein heutiges Niveau. Von da an wurde die beständige Landhebung um wenige Millimeter pro Jahr offensichtlich. Die lange vor der Eiszeit vom Meer geformte und dann vom Eis überarbeitete Küstenplattform (Strandflate) taucht seither langsam aus dem Meer auf.

Die Strandflate

Vor vielen unvermittelt aus dem Meer steigenden alpinen Berghängen entstand durch fortschreitende Hebung und Verlandung ein flacher Küstensaum. Auf diesen, von felsigen Rundhöckern durchsetzten Niederungen findet man nicht nur ausgedehnte Moore, Dünen und Sandplatten, sondern auch alle wichtigen Nutz-

flächen, Siedlungen und Verkehrswege. Ihre seeseitige Fortsetzung findet die Strandflate hier und da in weiten, mit Schären durchsetzten Flachwasserzonen.

Auch die nach der Eiszeit von der Brandung des Nordmeeres geformten Ufer wurden nach abgeschlossenem Anstieg des Meeresspiegels weiter gehoben. Daher findet der aufmerksame Beobachter markante alte Strandlinien bei etwa 30 Meter und bei etwa 10 bis 12 Meter über NN. So trifft man heute, viele Meter über dem Meeresspiegel, auf die Geröllfelder fossiler Strandwälle – sehr ähnlich den „Klappersteinfeldern" an der schwedischen Ostseeküste. Und nur an exponierten Stellen gibt es aktive, in Abtragung befindliche Kliffs, die senkrecht ins Wasser stürzen. Viele markante, einstmals aktive Steilufer an der Außenküste werden jetzt nicht mehr von der Brandung angegriffen. Vor ihnen liegen Schuttfächer oder Klippen.

▲ *Fjellplateau und Kar-Ränder am Måtind auf Andøy. – Dieses vom Inlandeis vorheriger Kaltzeiten geformte Fjellplateau trug während der letzten Vereisung einen kleinen Plateaugletscher. Er schickte schmale Eiszungen als Kargletscher hangabwärts. Diese schnitten sich tief in die Berghänge ein und formten charakteristische steilwandige Mulden, die Kare. Deren scharfkantige Ränder begrenzen heute an vielen Stellen die noch vorhandenen, sanft gewellten Fjellplateaus. Solche Kargletscher gab es auch isoliert. Vielfach schoben sich die Kare derart weit gegen die Bergmassive vor, dass nur noch schroffe Grate oder steilwandige Einzelgipfel, Karlinge, übrig blieben.*

◄ *Geschiebeblockstrand bei Bleik auf Andøy. – Am Ufer südlich der Ortschaft Bleik liegt eine der interessantesten eiszeitlichen Endmoränen der Nordmeerküste. „Bleiksmorenen" entstand während der letzten Vereisung, vor etwa 20.000 Jahren, als sich kein Inlandeis, sondern nur noch Talgletscher zwischen den Bergmassiven zum Meer schoben. Sie zählt zu den wenigen Endmoränen aus dieser Zeit, die heute über dem Meeresspiegel liegen. Aus der rechts im Bild erkennbaren Moräne hat das Meer früher diese großen Geschiebe herausgewaschen, die eine ungewöhnliche Vielfalt verschiedenster Gesteinsarten aufweisen.*

▶ *Gletschertöpfe. – Sie entstanden am Grunde einer tiefen Gletscherspalte, in die das Schmelzwasser bis auf den Fels stürzte und dabei beständig „Mahlsteine" drehte. Dabei entstanden solche Hohlformen.*

KLIMA UND WETTER

Küste der Ausnahmen

Wer ins Nordland reist, der überquert den Polarkreis und fährt in die Arktis – eigentlich in die Kälte. Hier, im Norden Norwegens, könnte es tatsächlich arktisch zugehen. Denn diese Küstenlandschaft liegt auf gleicher geografischer Breite wie das südliche Grönland mit seinem Inlandeis oder der vom Dauerfrostboden geprägte Norden Sibiriens und Alaskas. Aber die Realität sieht ganz anders aus. Wie sich Klima und Wetter am Nordmeer zeigen, überrascht sicher so manchen Nordlandfahrer.

Das Meer friert hier längs der gesamten Küste nicht einmal in strengen Wintern zu. Ursache der für arktische Regionen völlig ungewöhnlichen Wassertemperatur ist eine starke warme Meeresströmung: der Norwegische Strom – ein Zweig des Nordatlantischen Stromes, der seinen Ursprung im Golfstrom hat. Diese beständige „Warmwasserheizung" bestimmt das außergewöhnliche Klima an den Ufern des Nordmeeres.

Temperaturen

An der Nordmeerküste gibt es milde Winter und kühle Sommer, also typische „atlantische" Klimaverhältnisse. Die Durchschnittswerte der Sommertemperaturen liegen auf den Inseln nur bei ungefähr +12 Grad Celsius (Hamburg +18 Grad). Ganz ähnlich sind die mittleren Wassertemperaturen. Diese gehen im Winter nicht unter +1 bis +4 Grad zurück. Daher ist dann das Meer überall eisfrei. Ja, es bleibt sogar hier und da, direkt am Ufer, so gut wie frostfrei – und das nördlich vom Polarkreis! An den Außenküsten von Lofoten und Vesterålen liegt damit das winterliche Temperaturmittel um mehr als 20 Grad Celsius über den anderwärts auf diesen Breitengraden gemessenen Durchschnittswerten. Das ist ein Rekord: die größte Temperatur-Anomalie der Erde. Sollte der Golfstrom eines Tages ausbleiben, würde die gesamte Region in kurzer Zeit vor Kälte erstarren. Während das ausgeglichene Seeklima den Winter auf den Inseln und an den übrigen Außenküsten so mild gestaltet, wird man im Sommer oft mit recht niedrigen Temperaturen konfrontiert. Dann ist kaum etwas zu spüren vom viel beschriebenen Effekt des warmen Norwegenstromes. Dessen Auswirkungen liegen natürlich nicht in den Sommertemperaturen. Dafür aber findet der Tourist hier im Juni/Juli eben keine arktisch karge, baum- und strauchlose, gerade schnee- und eisfrei gewordene Umgebung wie an der Küste Grönlands oder Sibiri-

ens, sondern üppig grünende und blühende Landschaften. Das ist die hervorragende Wirkung des wärmenden Meeres.

Im Winter ist die Luft an Land zwar oft wesentlich kälter als das Wasser, aber die Temperaturen sinken hier kaum tiefer, als das an den deutschen Küsten der Fall ist. Landeinwärts und auf den Gebirgen liegen die winterlichen Durchschnittstemperaturen viel niedriger. Doch die Werte verraten – beim Vergleich mit Grönland oder Alaska –, dass auch dieses Binnenland noch in den Genuss der „Warmwasserheizung" kommt.

Niederschläge

Sehr unterschiedlich sind die Niederschlagsmengen, die an der Nordlandküste fallen. Sie sind sehr abhängig von der Lage und vom Relief der Landschaft. In den niedrigen Arealen der Inseln werden etwa 1.000 bis 1.200 mm pro Jahr gemessen – ungefähr doppelt so viel wie im norddeutschen Flachland. Dagegen gibt es an den küstenseitigen Hängen hoher Berge – dort wo die meist sehr tief vom Atlantik heranziehenden Wolkenmassen gegen Bergmassive stoßen – weit über 2.000 mm Niederschlag. Im Regenschatten der Berge liegen die Werte deutlich unter dem Durchschnitt.

Die meisten Niederschläge fallen im Winterhalbjahr und natürlich als Schnee. Die charakteristischen Winterbilder der Nordmeerküste zeigen schneebedeckte Bergmassive vor dunklem, eisfreiem Meer.

▶ *Regenschauer über Andøy. – Wechselhaftes, kühles Schauerwetter – ähnlich dem deutschen „Aprilwetter" – beherrscht in vielen Jahren die Sommermonate. Hin und wieder gibt es heftige Gewitter mit dramatischen und sehr fotogenen Wolkenkulissen. Manchmal prasseln Hagelkörner nieder; Regenbögen überspannen die Landschaft. So schnell die Schauer kommen, ziehen sie meist auch vorbei.*

▲ Polarsommer. – Skandinavische Hochdruckgebiete bescheren in manchen Jahren auch der Nordmeerküste den von vielen ersehnten „Polarsommer". Bei sommerlicher Wärme, Windstille und Sonnenschein füllen sich dann die vielen weißen Sandstrände – so wie hier der von Søberg bei Straume auf Langøy. Während die Lufttemperaturen an geschützten Stellen oft 25 Grad erreichen, bleibt das Wasser meist eisig kalt – und das Baden eine Mutprobe.

◄ Windstille an der Außenküste der Vesterålen. – An manchem Polarsommertag rührt sich kaum ein Lüftchen. Der Spiegel des Nordmeeres ist so zart gekräuselt wie der eines Dorfteiches. Sanft plätschern winzige Wellen gegen den Strand von Hovden auf Langøy.

▶ Wolken an den Bergen der Flakstadøy. – Vom Atlantik heranziehende feuchte Luftmassen lassen manchmal an den hohen Massiven der Außenküste in erstaunlicher Geschwindigkeit dichte Wolkenbänke entstehen, die in ständiger Bewegung bleiben, sich auflösen und wieder neu bilden. Sie beschatten dann die Küste, während weit draußen über dem Meer hell die Sonne scheint.

Wetter

Charakteristisch für diese Küste ist ein besonders rascher Wetterwechsel. Das wird jeder bestätigen, der mehrmals das Schauspiel sich rasend schnell auflösender, dichter Wolkenmassen an einem Bergmassiv der Außenküste erlebt hat und dann, vielleicht nach Tagen dichter Bewölkung, plötzlich blitzblanken Himmel über sich hatte – vielleicht nur für eine knappe Stunde. Dann treibt schon die nächste Wolkenwand heran.

Die hier das Wetter bestimmenden atlantischen Tiefdruckgebiete können manchmal dafür sorgen, dass während eines Zwei-Wochen-Aufenthalts auf Lofoten oder Vesterålen beständig graue Wolken vom Nordmeer herantreiben, die Tagestemperaturen nicht über 12 Grad steigen und man zwischen Starkregen, Nieselregen und Nebel wählen kann.

Skandinavien-Hochs, die im Winter zu heftigen Kälteeinbrüchen führen, bescheren im Juni/Juli manchmal wochenlang den legendären „Polarsommer". Dann kommt es vor, dass die Temperaturen bei windstillem Wetter an geschützten Stellen auf über 25 Grad steigen. Da hier in dieser Zeit die Sonne viel länger scheint als im heimatlichen Mitteleuropa, sind solche warmen Sommertage dazu noch herrlich lang. Dann geraten nicht nur Urlauber, sondern auch Einheimische in Euphorie – die Strände füllen sich, das Leben pulsiert.

Im Hochsommer kann es am Nordmeer viele Tage hintereinander nur schwach windig sein. Sanft plätschern dann die Wellen gegen die Strände. Sommerliche Sturmtiefs vom Nordatlantik sind relativ selten.

Wer ins Nordland fährt, sollte stets mit Überraschungen rechnen, die das Wetter überhaupt – und ganz besonders hier – zu bieten hat. Denn schließlich gilt überall die Feststellung eines erfahrenen Meteorologen, dass zwei oder drei Menschenalter nicht ausreichen, um alle möglichen Kapriolen des Wetters zu erleben. Daher sind sämtliche Angaben zu diesem Thema ohne Gewähr.

Vorfrühling am Meer. – Das Meer und ein ganz schmaler Ufersaum bleiben auf den Lofoten stets eis- und schneefrei. Der Schnee, der an der Außenküste liegen bleibt, schmilzt meist schon unter den ersten Strahlen der Frühlingssonne.

▶ *Vorfrühling im Gebirge. – In den Gebirgstälern der Inseln fällt viel Schnee, der oft noch bis in den Mai hinein liegen bleibt.*

▼ *Wattwanderung auf den Lofoten. – Auch für die Nordmeerküste gilt: Es gibt kein schlechtes Wetter, sondern nur ungeeignete Kleidung. Und für jene Tage, an denen man sich warm und wetterfest anziehen sollte, bleiben nicht nur die Museen als Ziele. Denn auch bei tief hängenden Wolken kann man gut an der Küste wandern – wie zum Beispiel hier im Watt von Fredvang auf Moskenesøy.*

PFLANZEN UND TIERE

Eine ungewöhnliche Vielfalt

Eine solche Vielfalt der Natur erwartet man hier nicht. Wer im Sommer an die Küsten des Nordmeeres reist, wird schon an den Straßenrändern überrascht von der Üppigkeit des Pflanzenwuchses, der Blumenpracht. Auf einem Küstenstreifen von stellenweise weniger als fünf Kilometer Breite findet man die unterschiedlichsten Vegetationszonen. Auf diesem schmalen Band wächst oft alles von Strand- bis zu Hochgebirgspflanzen, von der Strandaster bis zum Gletscher-Hahnenfuß. Kleine Inseln vor der Küste sind bevorzugtes Brutrevier zahlreicher Seevögel. Seeadler kreisen über der Landschaft. Man kann Robben und Wale beobachten – ebenso Rentiere und Elche.

Wer mit offenen Augen und etwas Sachkenntnis die norwegische Natur nördlich vom Polarkreis erkundet, wird stets aufs Neue überrascht. Die für diese Region ungewöhnlich ausgeglichenen Temperaturen haben zur Folge, dass im Sommer – bei der sehr langen täglichen Sonnenscheindauer und den großen Niederschlagsmengen – die Pflanzen und Blumen in ungewöhnlicher Üppigkeit gedeihen. Ebenso wie die Pflanzenfreunde kommen dann die Vogelfreunde voll auf ihre Kosten. An den reich gegliederten Uferzonen trifft man auf die verschiedensten Küstenvögel. Hier einige der charakteristischen Lebensräume, der typischen Pflanzen und der charakteristischen Tiere – als Anregung zu eigenen sommerlichen Entdeckungen:

Auf Strand und Klippen

Von den salzliebenden Pflanzen der Uferzonen fällt wohl am meisten die Strandkamille auf, die auf dem nährstoffreichen Angespül mancher Strände in weißer, großblumiger Pracht blüht. Überall auf den hellen Sandstränden wachsen ausgedehnte Bestände von Meersenf, dessen Blüten ein viel zarteres Violett zeigen als an der heimatlichen Nord- und Ostseeküste. An Geröllstränden rankt die Mertensie mit ihren auffallend blaugrünen Blättern und winzigen roten bis violetten Blütenglöckchen. Der Strandroggen scheint in den nordischen Dünen besonders prächtig zu gedeihen. In den bewachsenen Dünen blühen zahlreiche Grasnelken und Goldrute.

Auf kleinen Marschwiesen an der Binnenseite der Inseln gedeihen ausgedehnte Bestände von Salzaster, Meerstrand-Dreizack und Salzwegerich. Hier gibt es im Schlickwatt, als Seltenheit, sogar manchmal winzige Pflänzchen des Quellers. Zwischen den Uferklippen wachsen Rote Lichtnelke (Charakterblume des Nordlandes), Kuckucks-Lichtnelke, Rosenwurz und Aufgeblasenes Leimkraut; golden erblühen Scharfer Hahnenfuß und Gelber Hornklee.

Üppige Uferwiesen

Der Zauber nordnorwegischer Sommerlandschaften wird an vielen Stellen verstärkt durch die großflächige rotviolette Blütenpracht des Weidenröschens und die weißen, schaumigen Blütenstände des Mädesüß. Viele naturbelassene Uferwiesen bieten an feuchten Stellen blauvioletten Wiesen-Storchschnabel, Sumpf-Herzblatt, Vogelwicke und Baldrian. Auf trockeneren Arealen blühen die weißen Margariten, Klappertopf, Wiesen-Knöterich, Rundblättrige Glockenblume und duftender Weißklee.

Am Rande der Gewässer

An den Rändern der zahlreichen Bäche stehen hier und da die kräftigen übermannshohen Doldenstauden der Engelwurz, die gern als „Gigant unter den Nordlandpflanzen" bezeichnet wird. An Bachrändern blühen auch Sumpfdotterblumen, Bach-Nelkenwurz und Blut-Weiderich. Kleine Seen oder Tümpel haben als Röhrichtgürtel meist Schachtelhalm statt Schilf. Hier wachsen auch das dunkle Sumpf-Blutauge und der Fieberklee mit seinen schönen Blüten und Blättern. Manche verlandende Moortümpel sind weiß überzogen von fruchtendem Wollgras. Sogar Orchideen sind zu finden: rosa blühendes Knabenkraut.

▶ *Weidenröschen. – An manchen Uferhängen leuchten im Juli ganze Felder dieser wunderschönen Staude, deren Blütenpracht die Landschaft verzaubert.*

◄ *Knabenkraut. – Auf vielen Wiesen und an manchen Wegrändern erblühen im Frühsommer diese wunderschönen kleinen Orchideen, die man eigentlich gar nicht hier im Norden vermutet.*

▼ *Fruchtendes Wollgras. – Diese Charakterpflanze des Nordens findet man besonders an verlandenden Tümpeln – zwischen den Uferklippen ebenso wie im Moor.*

► *Mädesüß. – Die meterhohen Stauden mit ihren schönen Blütenständen aus hunderten winziger weißlicher Einzelblüten gedeihen auf allen feuchten Uferwiesen – am Meer ebenso wie am Rande von Bächen und Seen.*

Gegenüberliegende Seite, unten:
    Engelwurz. – Auch diese prächtige Staude wächst in Ufernähe. Ihre fleischigen Wurzeln dienten früher, in Notzeiten, als Nahrung. Im Vordergrund blüht das Aufgeblasene Leimkraut.

In Heide und Moor

Zwergstrauch-Heide nennt man jene niedrige Pflanzenschicht, die knöchelhoch viele baumlose Bergrücken,
aber auch Strandwälle, Dünen und die Bülten der Moore
überzieht. Die wichtigsten dieser Zwergsträucher sind
Blaubeere, Trunkelbeere, Krähenbeere, Preiselbeere, Heidekraut, Bärentraube und Netzweide. Dazwischen wachsen feine Gräser sowie Polster von Flechten und Moosen – auf ihnen, an feuchten Stellen, die „Fleischfresser"
Sonnentau und Fettkraut. Auf kalkigem Boden beherrscht die Silberwurz mit ihren schönen weißen Blüten und dem silberhaarigen Fruchtständen das Bild. Häufig findet man den Schwedischen Hartriegel mit seinen
auffallenden weißen vierstrahligen Blüten und den grellroten Beeren. Auch die Moltebeere, deren Früchte sich
in ganz Skandinavien größter Beliebtheit erfreuen
(„Beeren sammeln" siehe Seite 219), ist eine Pflanze der
Zwergstrauch-Heide.

Arktische Wälder

An der Nordmeerküste wachsen ausgedehnte, niedrige
Birkenwälder (siehe Seite 160). Bei Wanderungen auf
verschwiegenen Waldwegen erhält man interessante
Einblicke in den vielfältigen Bewuchs am Boden dieser Wälder. In feuchten Arealen gibt es üppige Farndickichte und zahlreiche prächtige Blütenstauden wie
Trollblume und Eisenhut. Der violett blühende Alpen-
Milchlattich erreicht hier über zwei Meter Höhe. An
trockeneren Stellen ist der Waldboden nur niedrig bewachsen, manchmal mit ausgedehnten Beständen des
zarten Moosglöckchens und des Schwedischen Hartriegels. Dort wo kalkiges Gestein im Untergrund liegt,
finden sich besonders viele Pflanzenarten – manchmal
sogar Raritäten wie seltene Orchideenarten. Im Spätsommer leuchten die Rotkappen überall aus dem Birkenwald („Pilze sammeln" siehe Seite 176).
Von den Bergen rücken hier und da die Nadelwälder der
Taiga bis an die Küste heran – meist lockere Kiefernwälder.
Zwischen ihrem niedrigen Unterholz aus Blaubeer- und
Trunkelbeer-Sträuchern wachsen meist dichte Polster von
Moos und Rentierflechte. Die im Landschaftsbild besonders auf Lofoten und Vesterålen auffallenden dichten
Fichtenbestände sind Anpflanzungen nordamerikanischer Fichtenarten, die hier prächtig gedeihen.

Im Gebirge

Viele Flächen auf den Bergmassiven zeigen nur nacktes Gestein, andere sind dünn mit Flechten und Moosen
überkrustet. Steinbrech-Arten und Stengelloses Leimkraut gedeihen auch direkt auf dem Felsgrund. In den
Schotterbetten der Gletscherbäche blühen Gletscher-Hahnenfuß und das großblumige Arktische Weidenröschen.

Wo ausreichend Humus vorhanden ist, wird die Landschaft meist von einer Zwergstrauch-Heide (Bergtundra) bedeckt. Das Wachstum der Kräuter, Zwergsträucher und Farne an manchen feuchten Berghängen verläuft im Frühsommer fast explosionsartig. Das ungewohnt intensive, helle Grün vieler Flächen ist das Zeichen dieses schnellen Wachstums.

Als Bestimmungsbuch für alles Blühende ist „Pareys Blumenbuch" (Verlag Paul Parey) zu empfehlen. Es enthält gute Illustrationen, nach denen auch ein Laie die wild blühenden Pflanzen meist problemlos bestimmen kann.

▲ *Arktischer Blumenstrauß. – Gepflückt an einem Straßenrand auf der Insel Senja: Alpen-Milchlattich, Baldrian, Goldrute, Himmelsleiter, Rainfarn, Filzige Kratzdistel und Weidenröschen.*

◄ *Meersenf. – Er wächst am Dünenfuß vieler Sandstrände und blüht mit seinen blassvioletten Blüten oft bis zum Spätherbst.*

▼ *Gletscher-Hahnenfuß. – In der unwirtlichsten Bergwelt, wo kaum eine andere Blume blüht, erfreuen seine schönen Blüten den Wanderer. Er wächst in den Schotterbetten der Gletscherbäche, nahe der Eisfelder.*

Am Meeresboden

Dieser interessante Lebensraum, die große Vielfalt des Lebens am Grunde der arktischen Gewässer, bleibt leider dem Beobachter weitgehend verschlossen. Aber schon der Blick von Uferfelsen, Molen und Bollwerken in das Wasser hinein zeigt oft eine Vielzahl von Meerestieren: große Seesterne, Seeigel, Seeanemonen, Seenelken, Napf- und Strandschnecken. Wer die mit Salzwasser gefüllten Ebbetümpel in den Uferklippen untersucht (Vorsicht, sehr rutschig!) wird nicht nur kleine Fische, Krabben und Garnelen entdecken, sondern findet, versteckt, manchmal auch Seeigel, Seesterne, diverse Schneckenarten sowie kleine Schwämme und zartes „Korallenmoos". Viele Tiere verbergen sich in den Algen-

wäldern (Seite 110), die nahezu alle felsigen Bereiche unter Wasser bedecken. Zahlreiche Muscheln leben im Sandgrund vor den Flachküsten eingegraben. Ihre Schalen werden oft in großer Menge an den Sandstränden angespült.

▲ *Strandschnecken. – Sie gehören zu den häufigsten Tieren im Gezeitenbereich, verharren bei Ebbe im Trockenen und beweiden bei Flut die Algenteppiche der Klippen, oft über 100 Exemplare auf einem Quadratmeter.*

▶ *Seenelken. – Dieser Blick von der Hafenmole von Hovden (Langøy/ Vesterålen) ins Meer hinein lässt etwas ahnen von der Vielfalt des Lebens unter Wasser. Seenelken gehören zu den Weichkorallen und lieben besonders sauberes Wasser.*

▲ *Dreizehenmöwen. – Sie brüten oft ganz in der Nähe des Menschen, meist an Hafengebäuden oder – so wie hier auf Husøy – an Felswänden ganz in deren Nähe.*

▼ *Krabben. – Diese federleichten Panzer, getrocknete Häutungsreste kleiner Krabben, findet man oft in großer Zahl an den Spülsäumen der Sandstrände. Sie lassen etwas ahnen von der Vielfalt des Lebens unter Wasser.*

Im freien Meer

Wer nicht gerade zu den Sporttauchern zählt, der wird sich am besten im Lofotaquarium von Kabelvåg (Seite 142) ein Bild machen von der Vielzahl interessanter Fischarten, die vor der Küste im Nordmeer zu Hause sind. Auch eine Menge wirbelloser Meerestiere sind hier zu bewundern.

Wale kann der aufmerksame Beobachter sogar vom Ufer aus entdecken. Bei ruhigem Wasser tauchen nicht selten die Finnen der scheuen Schweinswale auf, die in kleinen „Schulen" die Küstengewässer durchziehen – sogar die innersten Bereiche der Buchten und Fjorde. Mancher Angler konnte sie schon aus nächster Nähe vom Boot aus beobachten.

Schwertwale, die regelmäßig im Herbst hinter den Heringsschwärmen her in den Nordfjord wandern, und Pottwale, die sich ebenso regelmäßig am Kontinentalhang vor Andøy einstellen, erlebt man auf den beliebten „Walsafaris" (Seite 208).

Robben halten sich bei sonnigem Wetter gern auf den Schären vor der Außenküste auf und lassen sich mit einem guten Fernglas hin und wieder vom Ufer aus beobachten.

Brutreviere der Vögel

Die am meisten auffallenden Brutkolonien werden von Dreizehenmöwen gebildet, welche die Nähe des Menschen suchen. Sie brüten überall an Hafengebäuden. Die größten Kolonien gibt es an steilen Felsen in Hafennähe. Zur Brutzeit wird dort das Geschrei tausender Tiere zu einem gleich bleibenden, lauten Geräusch, das noch anschwillt, wenn sich ein Seeadler bei einem „Kontrollflug" der Kolonie nähert. Der Seeadler hat auf den Lofoten und Vesterålen eine so große Bestandsdichte wie nur an wenigen anderen Stellen in Europa. Daher kann man ihn, besonders an der Außenküste, oft beobachten. Auf den Vogelinseln vor der Küste brüten im Frühsommer die Papageitaucher, Trottellummen, Tordalken, verschiedene Möwenarten und Kormorane in großer Zahl. Deshalb sind sie bevorzugtes Ziel vieler Vogelfreunde.

Die Feuchtgebiete der Moore und Marschen bilden bevorzugte Brutreviere für Wasservögel, u. a. für Graugänse, zahlreiche Entenarten und Säger sowie für Brachvögel, Rotschenkel und andere Schnepfenvögel. Viele kleine Seen haben ihr „eigenes" Prachttaucher-Brutpaar. Die tschackernden Rufe der Wacholderdrosseln, die in großer Zahl in den Birkenwäldern brüten, begleitet oft den Wanderer in der Landschaft. Auch das Zwitschern der Rauch- und Mehlschwalben gibt es hier im Norden. An sprudelnden Bergbächen lässt sich regelmäßig die Wasseramsel sehen. Bei Bergwanderungen wird man nicht selten auf Schneehühner und Goldregenpfeifer treffen.

Als Bestimmungsbuch für Vögel empfohlen: „Pareys Vogelbuch" (Verlag Paul Parey). Es ist besonders gut illustriert, so dass man die meisten der Vögel allein nach den Abbildungen bestimmen kann.

Rentiere und Elche

Das „Wappentier" Skandinaviens, den Elch, wird man an der Nordmeerküste insgesamt selten und nur auf dem Festland, auf Hinnøy und Senja beobachten. Auf den Lofoten fehlt er ebenso wie auf Langøy, Hadseløy und Andøy. Rentiere lassen sich im Norden des Gebiets, am Lyngen und Kvænangen, dagegen häufiger sehen. Sie fallen besonders auf, wenn sie bei warmem Sommerwetter auf den Schneefeldern der Bergmassive stehen. Die in jedem Reiseführer erwähnten Lemminge zählen normalerweise zu den ausgesprochenen Seltenheiten. Nur aller 11 oder 12 Jahre treten sie gehäuft auf. Auch Schneehase, Rotfuchs und Polarfuchs wird man nur bei Wanderungen weit hinein in die Natur treffen.

Waldweiden

Das heutige Bild der Landschaft wurde – so wie in vielen anderen Regionen unserer Erde – auch hier im Nordland vielfach vom Nutzvieh des Menschen geprägt, besonders von Schafen und Ziegen. Durch frühere intensive Beweidung ist der Bewuchs vieler Bergrücken spärlicher als von Natur aus, die Pflanzenwelt ärmer. Schafe und Ziegen weiden noch immer in den Birkenwäldern. Die von Schafen blank gescheuerten Birkenstämme dieser „Hudewälder" sind Zeugnisse der Waldweide. Die überall in der freien Landschaft anzutreffenden Schafe (im Sommer meist die Mutterschafe mit je ein bis

zwei Lämmern) benehmen sich übrigens manchmal wie Wildtiere und fliehen panisch vor Wanderern. Als Warnung stoßen sie dann Laute aus, die wie Pfiffe klingen.

▼ *Rentiere. – Besonders in der Troms gibt es hier und da kleinere Rentierherden.*

Foto unten:
Abtauchender Pottwal. – Westlich der Nordspitze der Andøy trifft man im Sommer regelmäßig auf Pottwale. Bei der Teilnahme an einer „Walsafari" wird ein solches Fotomotiv garantiert.

Diese knappen Hinweise sind für jene Leser bestimmt, die sich erstmals so weit in den Norden wagen und über keine eigenen Erfahrungen verfügen.

Wann fährt man?

Die Monate Juni, Juli und August gelten als günstigste Reisezeit. Bis Ende Mai erscheint die Natur, trotz der schon langen Tage, meist noch recht „nachwinterlich". Im September sind die Tage bereits merklich kürzer und kühler. Die meisten für Touristen interessanten Einrichtungen haben nur von Anfang/Mitte Juni bis Mitte/Ende August geöffnet. Im Juli trifft man auf die meisten Touristen.

Womit fährt man?

Die Fahrt mit dem Wohnmobil oder Wohnanhänger bietet weitgehende Unabhängigkeit – ein in Nordnorwegen nicht zu unterschätzender Vorteil (auch hinsichtlich der Versorgung). Es gibt ausreichend gut ausgestattete Campingplätze. An vielen Nebenstrecken ist es möglich, eine Nacht frei zu rasten, oft inmitten grandioser Landschaft.

Der nur mit dem Pkw Reisende findet auf den meisten Campingplätzen kleine Hütten zur Übernachtung. Als Quartier besonders stilvoll sind Fischerhütte (Rorbuer) und „Seehaus" (Sjøhus) in den Fischerhäfen, die heute meist komfortabel ausgestattet sind. Sie sollten vorher gebucht werden – ebenso wie andere Ferienhäuser oder Ferienwohnungen (Informationen u. a. unter www.visitnordland.no, und www.destinationharstad.no) in dieser Region.

Eine Alternative zur langen Autoreise ist die Fahrt mit der Bahn bis Bodø und weiter mit Mietauto, öffentlichen Verkehrsmitteln oder Fahrrad. Auch mit dem Flugzeug lassen sich Nordland und Troms gut erreichen (Fluglinien unter www.wideroe.no).

Wie viel Zeit benötigt man?

Eine Reise an die Küste nördlich vom Polarkreis ist keine Kurzreise – schon von den Entfernungen her: Hamburg – Lofoten ca. 2.300 km (Straße), Hamburg – Vesterålen ca. 2.500 km; ca. 1.400 bzw. 1.600 km sind es von Oslo aus. Allein für An- und Abreise sollte man mindestens sechs Tage einplanen. In Norwegen ist die durchschnittliche Reisegeschwindigkeit durch

streckenweise sehr schmale Straßen und ungemein viele Kurven recht gering. Hinzu kommen die zahlreichen „Ablenkungen" rechts und links der Straßen – die landschaftlichen Sehenswürdigkeiten, die immer wieder zur Rast verführen.

Wer besonders zügig die Nordmeerküsten erreichen möchte, der kann statt der E 6 durch Norwegen auch die E 4 durch Schweden wählen, auf ihr bis an den Nordzipfel der Ostsee und von dort auf E 12, E 10 oder E 8 quer durch Lappland fahren.

Was nimmt man mit?

Die Bekleidung sollte für jedes Wetter und alle möglichen Temperaturen zwischen +10 und +25 Grad Celsius geeignet sein. Eine Ausrüstung für Bergwanderungen (besonders geeignete Schuhe) wird empfohlen.

Wertvolle Reiseinformationen über die im Buch behandelte Region findet man in folgenden Reiseführern: „Lofoten und Vesterålen" von Claudia Banck (ISBN 3-7701-2845-1); „Lappland" von Michael Möbius und Annette Ster (ISBN 3-7701-2857-5), beide erschienen im DuMont Buchverlag Köln.

Die Norwegen-Straßenkarte von
Cappelen (Maßstab 1:400.000, ISBN
82-02-10516-1) ist ein wichtiger Rei-
sebegleiter und überall im Buchhan-
del erhältlich. Für das hier beschrie-
bene Gebiet braucht man die Blätter
4 (Nordland) und 5 (Troms og Finnmark). Diese Karten sind gut für die
Reise geeignet, reichen aber kaum
bei Wanderungen. Dazu gibt es für
Lofoten und Vesterålen je eine detai-
lierte Wanderkarte im Maßstab
1:100.000 (von Statens Kartverk),
die man auch in deutschen Tre-
ckingläden bekommt. Für andere Gebiete erhält man Wanderkarten u. a.
bei Nordis in Hamburg (www.nor-
dis-versand.de) oder Gleumes in Köln
(www.landkartenhaus-gleumes.de)
bzw. in den Touristinformationen
vor Ort.

Das Fernglas sollte man möglichst
nicht zu Hause vergessen. Für Laien
gut verständliche Vogel- und Pflan-
zen-Bestimmungsbücher sind im
vorherigen Kapitel empfohlen.

◀ *Campingplatz auf Andøy. – Etwas
abseits der Europastraßen findet man
oft wunderschön gelegene, kleine
Campingplätze direkt am Meer.*

▲ *Rorbuer in Å auf Moskenesøy. – In diesen Fischerhütten übernachteten früher
während der Fangsaison die Gastfischer.
Heute sind die originellen Rorbuer
beliebte Touristenunterkünfte.*

▶ *Fähre vor Melbu. – Zu einer Lofoten-
reise gehört auch eine Fährpassage.
Während man hier von Melbu (Hadseløy)
nach Fiskebøl (Vestvågøy) nur
30 Minuten unterwegs ist, dauert die
Überfahrt von Bodø nach Moskenes
rund vier Stunden.*

Insel oder Kommune?

Die Lofoten- und Vesterålen-Gemeinden
(Kommunen) tragen z. T. dieselben
Namen wie die Inseln. Das Verwal-
tungsgebiet der Gemeinden greift aber
oft auf andere Inseln über. So gehören
Teile der Insel Moskenesøy zur Kommune Flakstad, Teile der Insel Hinnøy
zur Kommune Andøy usw. – eine ver-
wirrende Angelegenheit, besonders für
die uneingeweihten Touristen. In diesem
Buch ist bei Nennung des Namens stets
die Insel gemeint, nie die Kommune.

KÜSTEN
AM POLARKREIS

39

ZWISCHEN GLOMFJORD
UND SALTFJORD

GLETSCHERKÜSTE

POLARKREIS

AM POLARKREIS

Blick von Åmnes zum Festland. – Die Küstenlandschaft im Vorfeld der Hochgebirge und Gletscher zeigt sich auf den Inseln Åmøy und Grønøy besonders vielgestaltig und ungewöhnlich reich gegliedert.

AM POLARKREIS

Ein Tor zur Arktis

Nur zwei Straßen führen in Norwegen in die Arktis hinein: Die von den meisten Nordlandfahrern benutzte E 6 quert den Polarkreis weit landeinwärts, hoch oben auf dem Fjell. Ein Polarkreis-Zentrum verspricht an dieser Stelle im Inneren besondere Erlebnisse. Die sind aber eher draußen in der großartigen Landschaft zu haben. Bei der anderen Straße handelt es sich um den in weiten Schwüngen und unzähligen Kurven längs der Küste verlaufenden „Riksvei" RV 17. Auf ihm steht man allerdings kurz vor dem Polarkreis an einem Fähranleger. Der Eintritt in die Arktis erfolgt hier also per Schiff. Den Polarkreis markiert lediglich ein schlichtes Monument.

Die von Mo i Rana aus beständig bergauf führende E 6 erreicht am Polarkreis erstmals eine sehr hoch gelegene Region, in der die Natur tatsächlich vollkommen arktische Züge trägt. Überquert der Reisende dagegen, ebenfalls von Mo i Rana her kommend, den Polarkreis hier an der Küste, so wird er kaum einen Wandel in der großartigen Landschaft bemerken, die ihn bereits auf seiner langen Fahrt durch Norwegen begleitete. Typisch arktisch-kargen Charakter besitzt die Natur unmittelbar an der Küste erst viel weiter nördlich.

Mit der Fähre über den Polarkreis

Tief greift der Melfjord, dessen Verlauf den Polarkreis nachzeichnet, nach Osten hin ins Landesinnere ein. Mehrere über tausend Meter hohe und teilweise auch im Hochsommer mit Schnee bedeckte Berge umrahmen ihn in seinem inneren Teil. Die Eisfelder des Svartisen reichen fast bis an seine dort unzugänglichen, steil ins Wasser stürzenden Nordufer – Landschaftsbilder wie man sie aus dem viel weiter südlich gelegenen Fjordland kennt. Die Fähre im Zuge des RV 17 von Kilboghamn, dem südlichen Anleger, nach Jektvik im Norden quert den Melfjord und fährt im weiten Bogen herum um eine Halbinsel, an deren Spitze der markante, fast 1.000 Meter hohe Telnestind emporragt. Auf einer Klippe vor seinem bewaldeten, steilen Südosthang erkennt man das bescheidene Polarkreiszeichen. Nur wenige Kilometer westlich davon queren auch die Schiffe der Hurtigrute die imaginäre Linie.

Garnelenfischer

Der stellenweise über 400 Meter tiefe Melfjord ist bekannt durch seine ungewöhnlich großen „Tiefseegarnelen". Mit engmaschigen pelagischen Schleppnetzen fischt man hier – wie auch an einigen anderen Stellen der Nordmeerküsten – nach dieser Delikatesse. Deren Anlandung gehört zur täglichen Abwechslung für die wenigen in Hilstad verweilenden Touristen. Wer will, kann sogar mit hinaus zum Garnelenfischen fahren oder von hier aus später am Tag auf Robbensafari gehen. Kutter, Garnelenverarbeitung, Campingplatz, Hütten, Bootsverleih, Kiosk: alles in der Hand einer Familie und alles gut geregelt – in den winzigen Dörfern im Norden Norwegens eine vielfach anzutreffende Situation.

Granfjellet

Wer den Schritt über den Polarkreis etwas hinauszögern möchte, der ist in Hilstad bei Kilboghamn gut aufgehoben. Von hier aus kann man auf Schafpfaden das etwa 500 Meter hohe Granfjell-Massiv erwandern, von dem sich eine ausgezeichnete Sicht über die Küste am Polarkreis bietet: auf die weite Insel- und Schärenwelt im Westen, die beeindruckenden Gebirgsmassive und die leuchtende Gletscherlinie des Svartisen im Osten. Im Süden, zu Füßen des Massivs erkennt man die Küste bei Konsvikosen mit üppig grünen Wiesen und einem ausgedehnten Sandwatt vor der Mündung eines Flüsschens.

Das aus plattigem Glimmerschiefer und körnigem Granit aufgebaute Granfjell erscheint von weitem viel besser begehbar als aus nächster Nähe. Das Gestein bildet hier und da lang gestreckte, unüberwindbare Stufen. Davor, in flachen Senken, liegen mit kleinen Mooraugen

▶ *Polarkreis-Fähre auf dem Melfjord bei Hilstad. – Die Fähre von Kilboghamn nach Jektvik im Zuge der Küstenstraße RV 17 quert während ihrer einstündigen Fahrt auf dem Melfjord den Polarkreis. Dabei können sich die Passagiere auch an einer beeindruckenden Szenerie schneebedeckter Berge im Hintergrund erfreuen, die zur südlichen Umrandung des Svartisen-Gletschers gehören.*

durchsetzte weglose Sümpfe. An anderen Stellen wachsen niedrige, undurchdringliche Birkendickichte. Zahlreiche Bäche und kleine Wasserfälle beleben die Landschaft. In der Gipfelregion entdeckt der Wanderer abenteuerlich geformte Felsformationen mit Polstern von leuchtend violett blühenden Zwergprimeln, dazwischen spiegelglatte Seen mit großen Beständen von Fieberklee an den Rändern. Die unentwegt rufenden Goldregenpfeifer und die ihre Küken führenden Schneehühner gehören im Sommer ebenso in diese Bergwelt wie der langsam über das Massiv streichende Seeadler.

Inselblicke

Vom Granfjell, aber auch von vielen anderen Punkten an dieser Polarkreisküste erkennt man in der Ferne auf dem Meer die markanten Silhouetten zweier Berginseln – oder besser Inselberge: Hestmannen (der sagenumwobene „Pferdemann") mit seiner auffallend spitzen Gipfelpyramide und Rødøløva (der Rødøy-Löwe), der hauptsächlich aus rötlichem Serpentinit besteht. Beide bilden seit alter Zeit wichtige natürliche Orientierungspunkte an dieser unübersichtlichen Küste. Vom Fähranleger in Jektvik startet ein Tourboot, das viele der Inseln unmittelbar am Polarkreis anläuft – eine gute Möglichkeit, diesen wenig bekannten Archipel zu erkunden.

◄ *Mitternacht am Melfjord. – Im Juni/Juli wird es am Polarkreis nie dunkel. Bei klarem Himmel bleibt es hier auch nach Sonnenuntergang ungefähr so hell, wie dieses Foto vermittelt. Im Hintergrund der mit Schnee bedeckte, rund 1.300 Meter hohe Skaviktind.*

▼ *Aussicht vom Granfjell. – In einem Tümpel der Gipfelklippen des rund 500 Meter hohen Granfjell-Massivs spiegelt sich die Abendsonne. Von hier schweift der Blick weit über die Inselwelt im Westen. In der Ferne erkennt man Hestmannen, einen markanten, sagenumwobenen Inselberg, seit alter Zeit ein wichtiges Seezeichen an dieser Küste.*

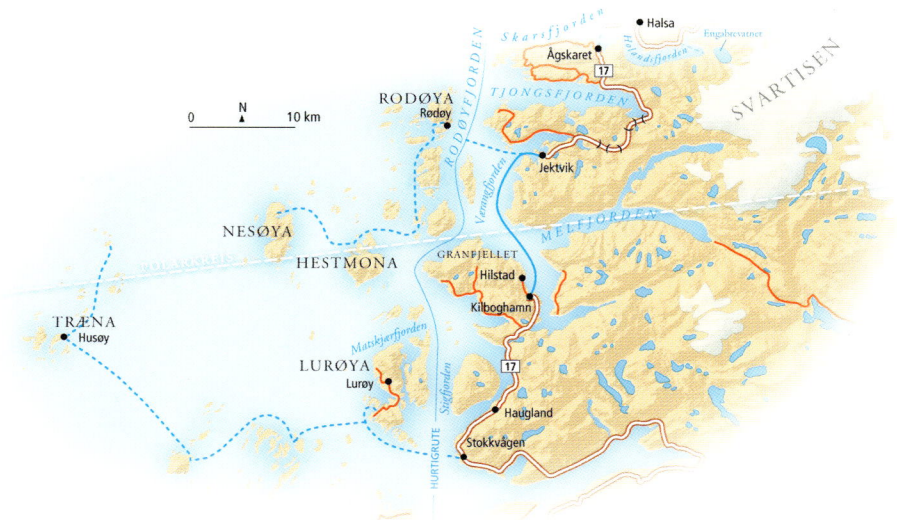

43

34

LOFOTEN NORDMEERKÜSTEN | AM POLARKREISLOFOTEN NORDMEERKÜSTEN | AM POLARKREIS

Auf der Fähre nach Jektvik. – Düster ragen die steilwandigen Berge um das mehr als 1.000 Meter hohe Massiv des Blokktind bei Jektvik in den wolkenverhangenen Himmel. Manchmal muss der Nordlandreisende im Sommer tagelang mit solchen Wetterstimmungen leben.

Polarkreisdenkmal am Melfjord. – Genau an dieser Stelle, auf einer Klippe vor dem beeindruckenden Steilhang des Telnestind, trifft der nördliche Polarkreis auf das Festland. Auf der Fähre von Kilboghamn nach Jektvik klicken an dieser Stelle die Fotoapparate besonders oft.

Blick über den Melfjord zum Telnestind. – Der 973 Meter hohe Gipfel markiert an der Küste etwa jene Stelle, an welcher der Polarkreis auf den europäischen Kontinent trifft.

▲ *Garnelenanlandung in Hilstad. – Mit feinmaschigen Schleppnetzen*
▶ *fischt man im Melfjord nach den hier besonders großen Garnelen,*
die – bereits an Bord des Kutters gekocht – bei der Anlandung
auch den Touristen angeboten werden. So frisch sind sie eine wahre
Delikatesse. – Das Puhlen der Garnelen ist noch immer Handarbeit.

◀ *Im Watt bei Konviksosen. – Die flachen, sandigen Areale in den*
Buchten laufen bei Ebbe vollständig trocken. Dann kann man bei
einer Wattwanderung das Leben in der Gezeitenzone beobachten:
die Algen auf den Steinen, die mit Seepocken bewachsenen
Miesmuschelbänke und die vielen Seevögel, die hier bei
Niedrigwasser ihre Nahrung suchen.

Eine astronomische Besonderheit bildet den Grund dafür, dass es viele Mittel- und Südeuropäer im Sommer nach Norden zieht: die Schrägstellung der Erdachse zu ihrer Rotationsebene um die Sonne. Deren Strahlen treffen dadurch zu dieser Zeit besonders lange auf die nördlichsten Bereiche der nördlichen Halbkugel. So sind die Sommertage in ganz Skandinavien viel länger als weiter südlich. Nördlich vom Polarkreis gibt es im Juni/Juli überhaupt keine Dunkelheit, keine Nacht. Und die Sonne sinkt auf ihrer täglichen Bahn zeitweise nicht unter den Horizont – sie scheint also auch um Mitternacht.

Unmittelbar am Polarkreis ist die Mitternachtssonne in ihrer vollen Schönheit nur in einer einzigen Nacht, zur Sommersonnenwende, also am 21. Juni, zu erleben. Doch auch in den taghellen „Nächten" kurz vor und kurz nach dem Mittsommertag versinkt sie hier nicht ganz unter den Horizont. Je weiter sich der Beobachter nach Norden bewegt, desto größer ist die Zahl der Tage, an denen er das beeindruckende Schauspiel bewundern kann – so wie es das Diagramm vermittelt.

Natürlich besitzt die Sonne, wenn sie sich gegen ein Uhr nachts (auch Norwegen hat Sommerzeit!) dem Horizont nähert, nicht die gleiche Leuchtkraft wie dann, wenn sie hoch am Himmel steht. Dadurch kommt es zu einer ganz besonderen Beleuchtung, zu einem teilweise unglaublich schönen Licht- und Farbenspiel am hohen Himmel und auf dem spiegelnden Meer oder über der bizarren Silhouette eines fernen Gebirgszuges. Und der Urlaubsreisende hat die Zeit, dieses zauberhafte Naturschauspiel zu genießen – anders als zu Hause, wo es an manchen Tagen im Jahr gewiss auch großartige Sonnenuntergänge zu beobachten gäbe. Die grandiosen Landschaften am Nordmeer im Scheine der Mitternachtssonne in aller Ruhe erleben zu können, ist für viele die Erfüllung eines lang gehegten Traums. Die Zahl der Fotos, mit denen der begeisterte Tourist das Ganze einzufangen und mitzunehmen versucht, ist Legende.

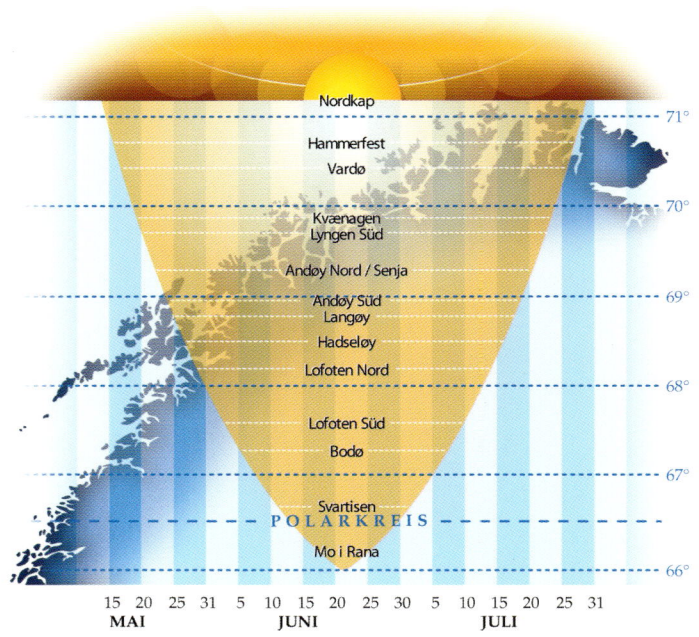

„Mitternachtssonnen-Diagramm". – Es zeigt, wie lange in den einzelnen Regionen nördlich des Polarkreises die Sonne nachts nicht gänzlich hinter dem Horizont versinkt. Der volle Sonnenball ist rund um die Uhr auf Meeresspiegelhöhe generell nur nördlich des Polarkreises zu beobachten.

Da die Sonne um Mitternacht recht tief, also nur wenig über dem nördlichen Horizont steht, kann man sie längst nicht von allen Punkten des gebirgigen Küstenlandes aus beobachten. Deshalb sind jene Stellen an der nur teilweise zugänglichen Außenküste, von denen man einen freien Blick in nördliche Richtung hat, besonders populär – so die Lofotenstrände von Fredvang auf Moskenesøy und von Myrland auf Flakstadøy. Besonders eindrucksvoll erlebt man die Mitternachtssonne am Ufer bei Eggum auf Vestvågøy. Dort ist man dann allerdings mitten unter sehr vielen Gleichgesinnten. Wer zu mit-

ternächtlicher Stunde den Hoven auf Gimsøy oder gar den Delpen an der Nordwestküste Austvågøys besteigt, dem ist ein erstrangiges Naturerlebnis ohne Massenbetrieb garantiert. Auf den Vesterålen gelten die Orte Hovden und Stø auf Langøy sowie Andenes und Bleik auf Andøy als besonders gute Beobachtungspunkte. Nicht jeder Nordlandreisende, der zur richtigen Zeit am rechten Platz ist, wird auf Anhieb die Mitternachtssonne erleben. Denn niemand kann eine Garantie für Schönwetter geben. Und selbst dann versinkt die Sonne leider oft kurz vor Mitternacht hinter einer Wolkenwand am Horizont.

► *„Mitternachtssonne" bei Steinsland am Melfjord. – Nur in der Mittsommernacht bleibt die Sonne am Polarkreis ganz und gar über dem Horizont.*

◄ *Mitternachtssonne vor Langøy. – Die Uferklippen von Hovden auf der Vesteråleninsel Langøy gehören zu den besonders schönen Aussichtspunkten auf das mitternächtliche Schauspiel.*

GLETSCHERKÜSTE

Die Svartisen-Region

Die Landschaft unmittelbar nördlich vom Polarkreis wird dominiert von Gletschern. Sie bedecken die höchsten Areale des in diesem Abschnitt besonders hohen Küstenmassivs. Nur einige Kilometer von der Nordmeerküste entfernt liegt hier auch Norwegens zweitgrößtes Eisfeld, der Svartisen. Doch nur an wenigen Stellen zeigt sich der gewaltige Plateaugletscher dem Reisenden von den Hauptstraßen aus.

Die Übersicht über das etwa 360 Quadratkilometer große Eisfeld und die kleineren in der Umrandung liegenden Gletscher bleibt jenen vorbehalten, die als Hochgebirgswanderer von Hütte zu Hütte oder mit Zelt und Rucksack unterwegs sind und einen der weit über tausend Meter hohen Berge in der Umrandung des Svartisen besteigen. Und natürlich jenen, die über ihn fliegen – in der Linienmaschine nach Bodø oder in einer Cesna bei einem Gletscherrundflug.

Svartisen

Der gewaltige zweigeteilte Plateaugletscher des Svartisen liegt in einem Hochgebirge, in dem alle Voraussetzungen für die Ausbildung einer so großen Eismasse gegeben sind: die besonders hohe Lage eines ausgedehnten Fjells mit Höhen von mehr als 1.500 Metern, die dadurch bedingten niedrigen Temperaturen und die hier im Küstengebiet besonders großen Niederschlagsmengen. Das Eis des Gletschers, dessen höchster Punkt am 1.594 Meter hohen Snøtinden liegt, soll stellenweise weit über 100 Meter dick sein. An einigen Stellen fließen von der Hauptmasse des Eises beeindruckende Gletscherzungen in die Täler. Das gesamte Eisfeld gehört zum Saltfjell-Svartisen-Nationalpark, dem größten Nationalpark Norwegens, der im Osten von der E 6 begrenzt wird.

Wege zum Gletscher

Von der E 6 zweigt in Røssvoll, zehn Kilometer nördlich von Mo i Rana, eine Straße in Richtung Svartisdalen ab, die unmittelbar am Gletschersee Svartisvatn endet. Ein Fährboot bringt die Besucher ans andere Ufer, von dem aus ein gut begehbarer Fußweg weiter bis zur breit auslaufenden Gletscherzunge führt, die manchmal einzelne kleine „Eisberge" in den See entlässt.

Weitaus eindrucksvoller gestaltet sich die Annäherung an den Gletscher von Westen, vom Meer her. Hier reicht der Holandsfjord, den man im Zuge des RV 17 bei Ågskardet/Forøy in kurzer Fährüberfahrt quert, bis auf drei Kilometer an die Eiszunge des Engenbreen heran. Dieser Talgletscher gleitet von der größeren, westlichen Eismasse (Vestisen) des Svartisen herab. So manches gewaltige Kreuzfahrtschiff schiebt sich langsam auf dem Holandsfjord bis in nächste Nähe dieser großartigen Szenerie. Nirgendwo anders auf dem europäischen Kontinent gelangt man mit einem so großen Schiff so nahe an einen Gletscher heran.

Von Holand, direkt am RV 17, fährt im Sommer auch ein kleines Ausflugsschiff über den stillen Holandsfjord bis zur bewaldeten Endmoräne, die den innersten Teil des Fjords absperrt und den Engenbrevatn anstaut. Durch den lichten Wald und längs des steinigen Ufers des Endmoränensees führt der Wanderweg zu dem knapp 30 Meter über dem Meeresspiegel gelegenen Rand der Gletscherzunge.

Blaues Eis, polierter Fels

Eine imposante hohe Wand aus zerklüftetem, intensiv blauem Eis baut sich an der Gletscherfront, dem „Brefot", vor dem staunenden Besucher auf. Doch diese beeindruckende Kulisse gebietet Distanz. Denn die von Zeit zu Zeit herabpolternden und zerschellenden Eisbrocken signalisieren eine ständige Bewegung des bizarr geformten Gletscherrandes. Auf Schildern wird vor unbedachter Annäherung dringend gewarnt. Das stellenweise recht mürbe Eis gibt bei seinem langsamen Zurückschmelzen eine ausgedehnte, zum See hin abfallende Gesteinsfläche frei, die mit Sicherheit zu den interessantesten Gletscherschliffen ganz Norwegens gehört. Dünne Schichten von hellem Marmor und dunklen Schiefern – in engster Wechselfolge – wurden einst durch die kaledonische Gebirgsbildung hochkant gestellt. Das

▶ *Auf der Fahrt zum Gletscher. – Ein kleines Tourboot fährt im Sommer die Gäste von Holand aus über den Fjord zur bewaldeten Endmoräne, die den Holandsfjord vom Engenbrevatn trennt. Von dort führt ein Wanderweg direkt bis ans Eis heran.*

Eis hat sie derart bearbeitet, dass man jetzt auf die senkrecht geschnittene, geschliffene und polierte Schichtenfolge schaut – auf ein wahres „Kunst"-Werk der Natur. An anderen Stellen trifft man auf gefaltete Partien gleichartiger Gesteine. Aus feinen Klüften der Felspartien schauen winzige Enzianblüten, sprosst vielblütiger Steinbrech ... Es ist gut, wenn man auch hier – angesichts des großartigen Gletscherpanoramas – den Blick für das Detail behält.

Åmøy

Wer kurz hinter dem Fähranleger von Forøy vom RV 17 abzweigt und den Bjærangfjord umrundet, der gelangt westlich Engavågen in eine ungewöhnliche Inselwelt. Die Straße schlängelt sich durch hoch aufragende, skur-

▶ *Plateaugletscher. – Der Svartisen schickt von seinem Firnplateau die Gletscherzunge Engenbreen bis fast ans Meer.*

◀ *Aussicht auf Svartisen. – Über ein kleines „Moorauge", zwischen Bülten und Klippen am Osthang von Åmøy gelegen, reicht der Blick über Fjorde, Schären und Bergrücken zum hohen Küstengebirge mit dem Svartisen-Gletscher.*

▼ *Gletscherschliff. – Direkt vor der Gletscherzunge des Engenbreen erstrecken sich vom Eis geschliffene und polierte Gesteinsflächen aus dünnen Marmor- und Schieferschichten in engster Wechsellagerung. Die unregelmäßigen hellen Einlagerungen bestehen aus Quarz, der während der kaledonischen Gebirgsbildung auf Rissen in den einstigen Meeresablagerungen abgesondert wurde.*

rile Felsformationen mit bizarren Kiefern, sie quert kleine Brücken und Dämme – man fühlt sich in ostasiatische Küstenlandschaften versetzt. Hat man schließlich auf der Insel Åmøy die Außenküste bei Åmnes erreicht, so zeigt der Blick zurück, landeinwärts, eine überaus reizvolle Szenerie. Sie vereint besonders viele charakteristische Landschaftselemente der reich gegliederten norwegischen Küste auf engstem Raum: Kleine sichelförmige Sandstrände erstrecken sich zwischen steilen Uferklippen. Davor liegt ein helles Sandwatt; in Buchten und auf sanft ansteigenden Landzungen welliges Wiesengelände mit Gehöften, Wäldchen, Felshügeln. Weiter landeinwärts ragen die küstennahen Bergmassive empor, an deren steilwandigen Hängen sich niedriger Birkenwald bis in halbe Höhe hinaufzieht; im Hintergrund die Hochgebirge mit Schneefeldern und

Gletschern. Der Blick in die Gegenrichtung, hinaus aufs Meer, schweift über einen ausgedehnten Schärengarten und die hohe, pyramidenförmige Insel Bolga.

Inselblicke

Der bei trockenem Wetter problemlose, bei Nässe dagegen sehr rutschige Aufstieg zum 650 Meter hohen Skarstind, dem östlichen Gipfel von Åmøy, ist besonders lohnend. Er bietet, wie so viele andere „Küstengipfel", eine überwältigende Aussicht aus ganz anderer Perspektive wie von den Uferklippen. Man überblickt die großartige Küstenlandschaft mit ihrem Gewirr von Halbinseln und Fjorden, die Bergmassive, Gletscher und vor allen Dingen die vorgelagerte Inselwelt, die bis zu 50 Kilometer hinaus ins Nordmeer reicht und für Entdecker vielfältige Möglichkeiten abseits vom Massentourismus garantiert: Meløy, Bolga, Rødøy ... Mehr als 700 Inseln liegen auf Höhe Svartisen vor der Küste.

Im Hochsommer verspricht eine abendliche oder gar nächtliche Tour auf den Skarstind ein besonderes Landschaftserlebnis. Die Sonne lässt das Meer im Westen leuchten, glühen. Dunkel heben sich die Inseln aus dem Meer. Von den fernen Gletschern und Schneefeldern im Osten geht ein fantastisches Licht aus.

◄ *Moschus-Steinbrech. – Das kleine, zarte Pflänzchen bekam seinen Namen offenbar zu Recht: Mit seinen Wurzeln ist es hier eingedrungen in einen feinen Spalt des geschichteten, gefalteten und vom Gletscher geschliffenen Gesteins.*

► *Eisrand am Engenbreen. – Das intensiv blaue, durchscheinende Eis des Talgletschers ist besonders stark zerklüftet und wirkt eigenartig trocken. Das liegt wohl auch an der Tatsache, dass Gletschereis bei hohen Lufttemperaturen an der Oberfläche nicht erst schmilzt, sondern sofort verdunstet.*

▲ *Sandwatt vor Grønøy. – Das bei Ebbe trocken gefallene Watt zeigt ein typisches Bild der Flachwasserzonen an der Polarkreisküste: die mit Tang bewachsenen Gesteinsbrocken und die mit den Häufchen der Sandpierwürmer übersäten, gerippelten Sandflächen.*

▶ *Strand vor Åmnes auf Åmøy. – Der vor dem Bergmassiv gelegene kleine Sandstrand an der Außenküste der Insel Åmøy geht über in ein flaches, sandiges, mit Klippen durchsetztes Wiesenareal – eine durch die Landhebung trocken gelaufene sandige Bucht.*

Blick von Åmnes zum Festland. – Die Küstenlandschaft im Vorfeld der Hochgebirge und Gletscher zeigt sich auf den Inseln Åmøy und Grønøy besonders vielgestaltig und ungewöhnlich reich gegliedert.

Schärengarten bei Bolga. – Die flachen, oft lang gestreckten Gesteinsrücken der Schären bilden vor vielen Küstenabschnitten unmittelbar nördlich des Polarkreises ein unübersichtliches Gewirr.

Blick vom Skarstind. – Vom 650 Meter hohen östlichen Gipfel des zweigeteilten Inselmassivs von Åmøy hat man einen faszinierenden Blick über Åmnes zur markanten Insel Bolga, die inmitten eines weiten Schärengartens liegt. Auf dem Meer, im Sonnenglanz zwischen den Wolkenschatten, die Fähre nach Bolga.

KÜSTENGLETSCHER

In den norwegischen Küstengebirgen nördlich vom Polarkreis gibt es weit mehr als 150 Gletscher. Die hohen Niederschlagsmengen und die niedrigen Temperaturen in den küstennahen Gebirgsmassiven begünstigen ihre Entstehung. Die meisten dieser Gletscher besitzen allerdings nur geringe Ausdehnung und sind kleiner als einen Quadratkilometer. Sie fallen im Landschaftsbild zwischen den oft auch im Sommer noch vorhandenen Schneefeldern nur wenig auf. Eine Reihe anderer Gletscher bedecken eine Fläche von zwei, drei oder vier Quadratkilometern. Und nur etwa ein Dutzend ist größer als 20 Quadratkilometer.

Bei den norwegischen Küstengletschern handelt es sich meist um charakteristische Talgletscher, deren Eis sich von einer Einsenkung an den steilwandigen Hängen der höchsten Berge talabwärts schiebt. Derartige Gletscher bilden sich, wenn in einer ursprünglich großen, flachen Mulde am Berghang der dort zusammengewehte Schnee nicht vollständig abschmilzt und sich in Firn umwandelt. Häuft sich in der Mulde weiterer Firn an, so wird dieser an seiner Basis zu Eis, zum Gletscher.

Das Eis eines solchen Gletschers ist in andauernder Bewegung. Während sich in seinem höher gelegenen Areal (im Nährgebiet oberhalb der Firnlinie) beständig neues Eis bildet, gleitet die gesamte Gletschermasse langsam hangabwärts und schmilzt weiter unten (im Zehrgebiet unterhalb der Firnlinie) ab. Das Eis übt einen gewaltigen Druck auf seinen Untergrund aus. Dadurch wird an der Gletschersohle selbst festes, hartes Gestein abgeschürft und weggeführt. Auf diese Weise vertieft der Gletscher sein eigenes schüsselförmiges Bett, das Kar, beständig weiter. Dabei schürft er nicht nur in die Tiefe, sondern schneidet sich auch weiter in den Hang hinein – rückt also gegen den Berg vor. Von manchem Bergmassiv, das auf diese Weise von mehreren Seiten her von Hanggletschern „angenagt" wurde, blieb nur noch ein „Karling" übrig – ein hoch aufragender, steilwandiger Einzelberg. Die auffallende steilwandige, „alpine" Form zahlreicher küstennaher Gipfel am Nordmeer ist meist das Ergebnis der ausschürfenden Tätigkeit von Gletschern.

Die wenigen größeren Gletscher am Nordmeer – so Svartisen-, Blåmanns- und Øksfjord-Gletscher – sind Plateaugletscher. Bei ihnen häuft sich der

Gletschertypen und charakteristische Gletscherbildungen der norwegischen Küstengebirge (nach Loewe).

Firn auf einem Fjell an, also auf einer ausgedehnten Hochfläche. Dabei entsteht eine schildförmige, stellenweise über 100 Meter dicke Eismasse – ein Firnfeldgletscher, der seine Zungen tief in die randlichen Täler hineingleiten lässt. Der Rand einer solchen Gletscherzunge reicht am Svartisen-Gletscher bis fast in Höhe des Meeresspiegels.

Plateaugletscher / Hanggletscher / Talgletscher / Gletscherbruch / Firnbecken / Firnmulde / Gletscherbruch / Gletscherzunge / Mittelmoräne / Endmoränen / Gletschertor

Plateaugletscher. – Der Svartisen schickt von seinem Firnplateau die Gletscherzunge Engenbreen fast bis ans Meer.

Talgletscher. – Der Steindalsbreen läuft in einer breiten Zunge aus, auf dem eine Mittelmoräne erkennbar ist. Eine Endmoräne entsteht bei dem derzeitigen raschen Rückschmelzen nicht. Im Hintergrund ragt die Spitze eines „Karlings" aus der Firnmulde.

Gletschertor. – Austritt des Schmelzwassers an der Front des Gletschers, hier am Steindalsbreen in den Lyngsalpen.

Wer eine Gletscherzunge nach einigen
Jahren wieder besucht, wird erstaunt
sein, wie weit das Eis inzwischen ab-
geschmolzen ist. Auch die meisten
der norwegischen Gletscher sind der-
zeit von einem beständigen starken
Rückschmelzen betroffen – eine Folge
der gegenwärtigen weltweiten Erwär-
mung. Es wäre aber falsch, in den
heutigen Gletschern die letzten Reste
der Eiszeitgletscher zu sehen, die nun
langsam verschwinden. Denn nach
der Eiszeit – genauer: nach der letzten
Vereisung – gab es in Skandinavien
vor ungefähr 6.000 Jahren wahrscheinlich gar kein „ewiges Eis". Damals war es deutlich wärmer als
heute. Die Gletscher der Gegenwart
sind im Wesentlichen das Ergebnis
des merklich kühleren Weltklimas der
vergangenen 2.000 Jahre. Doch selbst
in diesem Zeitraum war die Ausdehnung des Eises beständigen Schwan-
kungen unterworfen.

Das Inlandeis der Eiszeit und die nacheiszeitlichen Gletscher haben alle norwegischen Gebirge geformt. Dem auf-
merksamen Betrachter werden daher
überall in der Küstenlandschaft die
Spuren des schleifenden Eises, die Glet-
scherschliffe, und die Ablagerungen
des schmelzenden Eises, die Moränen,
begegnen. Und natürlich haben auch
alle die tief in das Gebirge eingeschnittenen Täler und Fjorde ihre Form
durch das Eis erhalten.

▶ *Eisrand und Gletscherschliff*
  am Engenbreen.

Endmoräne. – Der Blick vom Tal zur
Gletscherzunge des Steindalsbreen wird
von einer hohen Endmoräne versperrt,
die früher – in einer langen Zeit mit
gleich bleibender Position des Gletscher-
randes – aufgeschüttet wurde.

Sander. – Diese kleine, vom Schmelzwasser
aufgeschüttete und von Wasserläufen
durchzogene Sanderfläche liegt vor der
alten Endmoräne am Steindalsbreen.

Gletscherbach. – Vom Schmelzwasser
gespeiste Bäche wie dieser im Steindal
sind durch fein zerriebenes Gestein oft
milchig-weiß gefärbt („Gletschermilch").

ZWISCHEN GLOMFJORD UND SALTFJORD

Küstenlandschaft um Bodø

A ls „Drehscheibe zum Norden" kommt der aufstrebenden Stadt Bodø, deren stark frequentierter Hafen im Schutze vorgelagerter Inseln liegt, auch für den Tourismus eine besondere Bedeutung zu. Von hier starten sowohl die Hurtigrute als auch die Fähren, Versorgungsschiffe und Flugzeuge zu den Lofoten und Vesterålen. Das 40.000 Einwohner zählende dynamische Verwaltungszentrum des Nordlandes ist die nördlichste Endstation der Bahn in Norwegen. Trotz dieser für den Norden fast großstädtisch anmutenden Szenerie hat die Küste im näheren und weiteren Umfeld von Bodø mit ihren Fjorden, vorgelagerten Inseln und Schärengärten viel Interessantes und Ursprüngliches zu bieten.

Nur drei Kilometer von Bodø entfernt gibt es vom Rønvikfjell eine bemerkenswerte Aussicht zu der hoch aus dem Vestfjord ragenden, mehr als 80 Kilometer entfernten Lofotwand im Nordwesten. Weiter nördlich, hinter Geitvågen, findet man ein an die Lofoten erinnerndes reizvolles Küstenbild mit weißen Sandstränden und steilen, hoch aufragenden Felswänden. An der Küste unmittelbar südlich Bodø, besonders in den Kommunen Meløy und Gildeskål, liegen einige wilde Gebirgslandschaften direkt am oder im Meer.

Glomfjord
Bei der Fahrt nach Norden führt der RV 17 durch den über sieben Kilometer langen Svartistunnel tief unter dem nordwestlichen Ausläufer des Gletschers hindurch zur Wurzel des Glomfjords. Hier allerdings bestimmt die Industrie das Landschaftsbild. Doch nach wenigen Kilometern längs des Fjords ist dieser Eindruck ver-

gessen. Denn bei einer Reise mit der Hurtigrute gilt die Einfahrt aus dem malerischen Glomfjord zum Hafen von Ørnes als einer der landschaftlichen Höhepunkte. Vor dem Panorama des Hochgebirges erstrecken sich bei Ørnes waldbedeckte Höhenzüge, die als beliebtes Wandergebiet gelten. Vom Hafen des Ortes aus erreicht man mit dem Tourboot die landschaftlich ungewöhnlich schöne Insel Meløy ebenso wie das pittoreske Eiland Bolga. Weiter nördlich – vor Reipa, am Hornneset, auf

▶ *Brücke über den Saltstraumen. – Bis zu 400 Millionen Kubikmeter Wasser strömen innerhalb von sechs Stunden durch den 30 Meter tiefen Saltstraumen, den stärksten Gezeitenstrom der Erde, der hier – an seiner schmalsten Stelle – von einer schön geschwungenen Brücke überspannt wird.*

▼ *Marina in Bodø. – Die ungewöhnlich zahlreichen Sportboote in den Häfen Nordlands weisen hin auf die enge Verbundenheit vieler Norweger mit dem Meer und besonders mit dem Fischfang, den sie auch in ihrer Freizeit sehr intensiv betreiben.*

der Halbinsel Kunna und bei Storvik – liegen ganz in der Nähe der Hauptstraße ausgedehnte Strände und Dünenareale, die auch beliebte Naherholungsziele der Einheimischen sind. Wer hier gerade keinen der seltenen sonnigen und warmen „Strandtage" des Sommers erwischt, der wird vielleicht bei ablaufender Flut mit vielen interessanten Strandfunden entschädigt – mit angespülten Muscheln, Schnecken und Seeigeln.

Sandhornøy

Reich an Stränden ist auch die auf halbem Weg zwischen Ørnes und Bodø gelegene und über eine Brücke erreichbare Insel Sandhornøy – benannt nach dem gewaltigen, knapp 1.000 Meter hohen Sandhorn, dessen beeindruckender Pfeiler wie ein Monument an der Küste steht. So wie hier sind es „angelehnte" Dünen, also vom Wind von den Stränden hoch hinauf gegen die Berghänge getriebene Sandmassen, die einigen küstennahen Gipfeln im Nordland zu ihrem mit „Sand" in Verbindung stehenden Namen verhalfen. Vor Sandhornøy liegen einige kleinere, hohe Inseln; weiter draußen der besonders dicht „bestellte", flache Schärengarten von Fleinvær. Auf vielen dieser Schären lassen sich Seehunde beobachten. Im Süden der Insel Fugløy gibt es eine Papageitaucher-Kolonie. Das Ganze liegt weit abseits der Touristenströme.

Saltstraumen

Ein harter Felsriegel aus Marmor riegelt östlich von Bodø den mit seinen Seitenarmen fast 100 Quadratkilometer großen Skjerstadfjord vom Saltfjord ab. Nur durch einen natürlich entstandenen Kanal von etwa drei Kilometern Länge und stellenweise nur 150 Metern Breite sind beide miteinander verbunden. Bei anlaufender Flut staut sich das Wasser außen im Saltfjord vor dieser Enge. Das Wasser strömt mit einer Geschwindigkeit von bis zu 40 Kilometern pro Stunde durch den 30 Meter tiefen Saltstraumen hinein in den Skjerstadfjord. Erst nach Stunden hat sich dieser so weit gefüllt, dass der Pegel des Saltfjords erreicht ist. Dann ruht die Strömung für kurze Zeit. Die einsetzende Ebbe lässt den Außenpegel so schnell sinken, dass nun zu dieser Seite hin jenes Gefälle entsteht, das den Gezeitenstrom in Bewegung bringt. Bis zu 400 Millionen Kubikmeter Wasser fließen bei Springtide innerhalb von sechs Stunden durch diese Meerenge, rauschend, schäumend, strudelnd, stürzend – der stärkste Gezeitenstrom der Welt.
Die Geologen vermuten, dass es den Saltstraumen in der heutigen Form erst seit ungefähr 3.000 Jahren gibt. Durch die langsame, aber beständige Landhebung von über drei Metern pro Jahrtausend wurde die einst wesentlich breitere Verbindung zwischen diesen beiden Fjorden mit der Zeit immer schmaler und tiefer, die Strömung immer reißender.

65

Von der schön geschwungenen Brücke, über die der RV 17 führt, besonders aber von den Uferklippen aus lässt sich die unglaubliche Gewalt des strömenden Wassers hautnah erleben. Wie in anderen „Straumen" gibt es auch hier, begünstigt durch die enorme Strömung, erstaunliche Fischkonzentrationen. Daher gilt Saltstrau-

▲ *Dörrfisch. – An manchen Fischerschuppen sind Dorsche in dieser dekorativen Art zum Trocknen aufgespannt. Die Fische werden dazu – im Gegensatz zu Stockfisch – vorher entgrätet und gesalzen.*

◄ *Seeigelstrand. – An vielen Sandstränden der Arktis findet man die schön gezeichneten Kalkgehäuse von Seeigeln, deren Stacheln bereits abgefallen sind.*

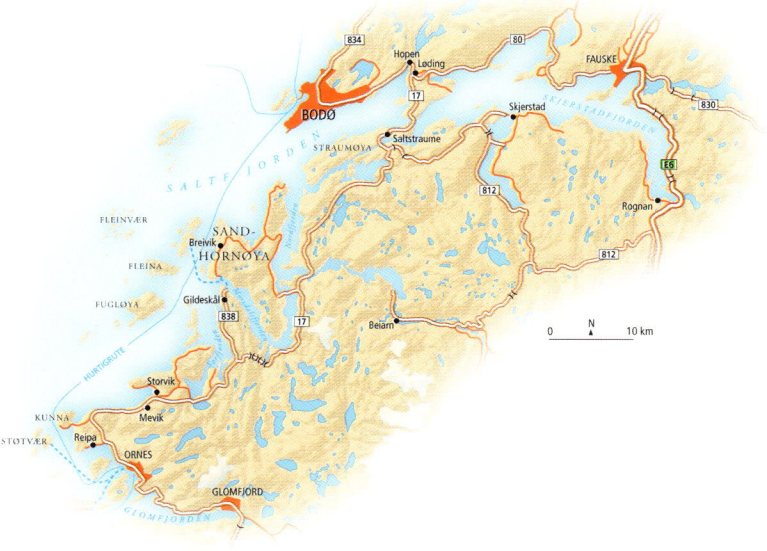

men als Eldorado der Sportfischer. Riesige Seelachse werden vom Ufer oder vom Boot aus mit der Angel gefangen. Ein Blick von den Klippen ins klare Wasser vermittelt einen kleinen Eindruck von der Fülle jener anderen Meerestiere, die sich hier ebenso wohl fühlen wie die Fische: zahlreiche Seesterne, Seeigel und Blumentiere sind auf dem felsigen Grund zu erkennen. Besser kann der Interessierte diese Tiere, zusammen mit den hier vorkommenden Fischenarten, natürlich im Meeresaquarium des nördlich der Brücke gelegenen Erlebniszentrums bewundern, das auch naturkundliche und historische Hintergründe zum Saltstraumen vermittelt.

Marmorland

An manchen Ufern des Skjerstadfjords bildet ein auffallendes Gestein die Küste – rötlicher, grauer, weißer oder sogar grünlicher Marmor. Ursprünglich als Kalkstein im Meer abgelagert, wurden diese Schichten vor rund 400 Millionen Jahren, während der kaledonischen Gebirgsbildung, gefaltet und dabei durch Druck und Hitze in Marmor umgewandelt. Er ist an vielen Stellen in der Landschaft um Fauske herum aufgeschlossen. Hier gibt es auch eine umfangreiche Gewinnung und Verarbeitung des ansprechenden Gesteins, das schon zur Ausstattung zahlreicher repräsentativer Gebäude in der ganzen Welt eingesetzt wurde. Inzwischen bietet man in Fauske und Umgebung zahlreiche aus verschiedenfarbigem Marmor gefertigten Gegenstände von handlichem Format an, die sich als Souvenirs bei den Touristen allgemeiner Beliebtheit erfreuen.

▲ *Blühende Mertensie. – Die ungewöhnlichste aller „salzholden" Strandpflanzen am Nordmeer fällt auf durch ihre blaugrünen, fleischigen Blätter und die schönen, zuerst rosa, dann blauen Blütenglöckchen. Die Ranken der Mertensie bedecken hier und da polsterartig die Strände aus feinem Geröll.*

▶ *Uferklippen an der Fjellvik. – An vielen Stellen der Küstenregion südöstlich von Bodø gibt es derart auffallende Uferklippen. Sie bestehen aus gefaltetem Umwandlungsgestein – aus dünnen Schichten von Marmor und Schiefer in engster Wechselfolge. Einige der leichter verwitternden, dunklen Schieferschichten sind tief ausgewaschen, der helle Marmor tritt hervor.*

▼ *Blick in das Wasser des Saltstraumen. – Trotz der enormen Strömungsgeschwindigkeit ist der Bodengrund des Saltstraumen dicht mit Meerestieren besiedelt. Hier sind Seesterne, Seeigel und Schnecken zu erkennen.*

Wer so leidenschaftlich gern Fisch isst wie der Autor, der könnte glauben, gerade auf den Lofoten zu jeder Jahreszeit gut aufgehoben zu sein. Schließlich weiß man von der intensiven Fischerei, die dort betrieben wird. Ahnungslose Touristen, die im Sommer frischen Fisch auf den Inseln kaufen möchten, suchen danach aber vergeblich. So bot sich auch bei einer ersten ausgedehnten Exkursion in die Fischerorte überall das gleiche Bild: Im Hafenbecken – meist nicht direkt am Bollwerk – lagen still die verankerten Kutter – ganz ohne Besatzung. Auf Land gezogene Fischerboote erhielten gerade einen neuen Anstrich. Hier und da war sogar, viel versprechend, an der Pier ein Schleppnetz ausgelegt. Doch nirgendwo auch nur die An-

deutung einer Fischereiaktivität. Auf den Lofoten, ja an der ganzen Nordmeerküste, fischt man hauptsächlich im Winter.

Nachdem sich bereits leichte Entzugserscheinungen hinsichtlich eines Fischessens eingestellt hatten, stand über dem ganz in der Nähe liegenden kleinen Fischereihafen ein kreischender Möwenschwarm. Da muss doch jemand Fisch anlanden! Tatsächlich war ein älterer Fischer gerade dabei, auf seinem kleinen Kutter Flundern beachtlicher Größe aus dem Stellnetz zu puken. Tief unten lag das kleine Schiff – es war Ebbe. Oben an der Kante standen zwei – offensichtlich einheimische – Damen, mit denen sich der Fischer sehr angeregt unterhielt. Als ich zu Wort kam und meinen Wunsch nach Fisch artikulierte, wurde mein Englisch wohl nicht recht verstanden. Schweigen. Die jüngere der beiden Frauen übersetzte. Die Antwort: Er dürfe hier keinen Fisch verkaufen, denn er sei nur zu Gast im Hafen. Die Kommunikation zwischen den Norwegern wurde fortgesetzt. Da ich nach zehn Minuten noch immer verweilte und dem Tun des Fischers mit Interesse folgte, wurde gefragt, wie viele Flundern ich denn wünsche. Drei. Und die warf er mir dann, wenig später, vom tief unten am Bollwerk liegenden Kutter herauf. Nein, dafür bitte kein Geld, wurde sig-

nalisiert. „Tusen takk!" Dieser Dank brachte mir den ersten freundlichen Blick. Und nach einer kleinen Weile kam von unten – in ganz langsam gesprochenem, klarem Deutsch – die peinliche Frage: „Hast du keine Angel?"

Im nächsten Sommer hatte ich eine. Ein angelkundiger Kollege hatte mir eine „Grundausrüstung für Meeresangeln" zusammengestellt. Ich brauchte sie nur bezahlen. Und rechnete mir dabei aus, wie viel Fisch ich davon kaufen könnte. Es war eine beachtliche Menge.

Wieder in Nordnorwegen bot sich bald die erste Gelegenheit zur Selbstversorgung. Dort wo zwei andere Angler gerade Fische aus dem Wasser zogen, dürfte wohl auch ich etwas fangen. „Ich hole jetzt Fisch zum Mittagessen." Meine Frau hielt ihre Gesichtszüge unter Kontrolle. Ich hätte wohl vorher auf dem Trockenen üben sollen. Schließlich erbarmte sich ausgerechnet eine neben mir angelnde Schwedin und zeigte mir, wie man richtig mit einer Wurfangel umgeht. Zuerst zog ich einen fast kiloschweren Dorsch, dann zwei kleinere Wittlinge aus dem Wasser. Das reichte zum Mittagessen. „Schon Ende?" wurde gefragt. Der zweite Versuch, einige Tage später vom Boot aus, war weniger erfolgreich: nur kleine Fische. Beim dritten wanderte ich zusammen mit dem Nachbarn vom Campingplatz zu einem angeblich guten Angelplatz – zwei Stunden ohne einen Biss. Spätestens da wusste ich, dass sich meine teure Angel wohl nie amortisieren würde. Geduld dieser Art zählt nicht zu meinen Tugenden. Ich ging. Zwei Stunden später kam der Nachbar mit einem Eimer voller Wittlinge zurück.

Fisch gab es bei unseren späteren Nordmeer-Touren oft zu essen. Denn wir hielten uns an die vielen mit Leidenschaft angelnden Nachbarn. Und die brachten nicht selten beachtliche Fänge von ihren Angeltouren mit. Meist gingen ihnen Dorsch, Wittling, Seelachs oder Kattfisch an die Angel, hin und wieder Flunder, Heilbutt,

▲ Anglerhafen Å auf den Lofoten. – Die seetüchtigen, gut motorisierten Angelboote können ebenso gemietet werden wie das Zubehör für die Angeltouren und die Fischerhütten (Rorbuer) als Quartier.

◄ Angelkähne am Strand von Åmnes. – Die schärenreichen Küstengewässer um die im Hintergrund liegende Insel Bolga sind beliebte Angelgebiete.

Makrele und Meerforelle. In deutschen Anglerzeitschriften ist viel zu lesen über die ungewöhnliche Größe und Menge der am Nordmeer gefangenen Fische. Und darüber wo, wann und mit welcher Ausrüstung die besten Fänge zu erzielen sind. Dass man an der Außenküste besser Fische fängt als im Inneren der Fjorde, gehört zu den wichtigsten Fakten, die man bei der Planung einer Angelreise wissen sollte. Übrigens gibt es zum Thema „Meeresangeln in Norwegen" inzwischen eine ganze Reihe deutschsprachiger Sachbücher, die sowohl in Buchhandlungen als auch in gut geführten Angel-Fachgeschäften erhältlich sind.

In Norwegens Küstengewässern darf jeder, auch jeder Landesfremde, ohne spezielle Erlaubnis für den eigenen Bedarf angeln – die Norwegen sagen auch dazu „fischen". Auf Angeltouristen ist man überall eingestellt: Vielerorts werden Angeltouren mit Kuttern angeboten. Boote mit und ohne Motor, dazu an vielen Stellen sogar komplette Angelausrüstungen werden vermietet. Man bekommt problemlos einen Liegeplatz für das mitgebrachte Boot. Auf den Campingplätzen am Meer gehört der Schlachtplatz zur Grundausstattung. Und der noch immer beachtliche Fischreichtum des Nordmeeres bietet fast die Garantie für einen erfolgreichen Angelurlaub. Petri heil!

Nach einer Angeltour. – Geangelt wird im sommerhellen Norden oft frühmorgens, spätabends oder mitten in der Nacht. Hier bearbeitet gerade ein Petrijünger am Strand vor Åmnes zur nächtlichen Stunde seinen Fang.

Begehrter Fang: Kattfisch. – Das wohlschmeckende, grätenarme Fleisch des besser als Seewolf bekannten Fisches macht ihn zur willkommenen Beute. Vor seinem kräftigen Gebiss hat jeder Angler Respekt.

Am Schlachteplatz. – Jeder gut geführte Campingplatz am Nordmeer hat einen Platz zum Bearbeiten der gefangenen Fische. Aber nicht jeder ist so stilvoll wie dieser am Sørstraumen angelegt – unter dem gekippten Rumpf eines ausgesonderten Kutters.

Bratfisch. – Auf diese Weise am Lagerfeuer zubereitet schmeckt der eigene Fang am besten.

DIE LOFOTEN

MOSKENESØY

FLAKSTADØY

VESTVÅGØY

AUSTVÅGØY

AUSTVÅGØY

VESTVÅGØY

FLAKSTADØY

MOSKENESØY

POLARKREIS

Aussicht vom Reinebringen auf den Kirchfjord. – Der zweifellos schönste Fjord des Nordlandes bezaubert durch die besondere Harmonie vom Eis geschaffener Landschaftsformen. Im Hintergrund erkennt man die Häuser von Kjerkfjorden.

MOSKENESØY

Grandioser Süden der Lofoten

Tausend Meter hohe Berge ragen im äußersten Süden der Lofoten, auf der Moskenes-Insel, unvermittelt aus dem Nordmeer. Ein Kranz bizarrer, steilwandiger Gipfel säumt den Kirchfjord bei Reine und gestaltet hier eine so großartige Küstenszenerie, dass es in ganz Europa nichts Vergleichbares gibt. Es bedarf meist vieler Superlative, um diese einmalige Landschaft im Süden der Lofoten zu beschreiben.

Nähert sich die Fähre auf der vierstündigen, meist recht unruhigen Passage von Bodø zu den Lofoten endlich dem kleinen Hafen von Moskenes, so fährt sie geradewegs auf die beeindruckende „Lofotwand" zu. Nahezu senkrecht steigen hohe Berge aus dem weiten Nordfjord und vermitteln den Eindruck einer massigen, lückenlosen Bergkette. Bei grauem Wetter wirkt die gewaltige Lofotwand eher düster und drohend als einladend. Mancher erstmals hier Ankommende mag, angesichts dieses Eindrucks, schon etwas betroffen gewesen sein. Denn die ungewöhnliche Vielfalt der grandiosen Lofotenlandschaft und ihre bezaubernde Schönheit erschließt sich nicht immer auf den ersten Blick.

Moskenes und Sørvågen

Vom Hafen der kleinen Ortschaft Moskenes, dicht unter dem Steilhang des Gebirges gelegen, führt die Hauptstraße nach Å durch Sørvågen und Tind – kurvenreich und fast nur durch bebautes Areal, geprägt durch die Fischerei. Hier wohnen die meisten Menschen auf Moskenesøy. Zwischendurch öffnen sich Blicke auf das großartige Gebirge, das zwar keine Gletscher, aber auch im Sommer noch zahlreiche Schneefelder zeigt. Sørvågen mit seinem originellen, sehr geschützt gelegenen Fischereihafen gilt als bester Ausgangspunkt für Wanderungen in diese Gebirgslandschaft hinein.

Å

Weiter südlich endet die Fahrt auf der E 10 schon nach kurzer Strecke an einer zum ungewöhnlich großen Parkplatz ausgebauten Wendeschleife – in Å. Dieser kürzeste aller möglichen Ortsnamen bedeutet so viel wie Bach und wird wie „O" gesprochen. Å zählt zu den besonders traditionsreichen Fischereiorten der Lofoten und liegt malerisch hingebreitet auf Klippen und Schären. Der 490 Meter hohe Tindstind steht mit seiner fast senkrechten Wand über dem Gewirr von Hafenbecken, Rorbuer, Stegen, Trockengerüsten, Wohn-

und Lagerhäusern. Keiner wird den anheimelnden Ort verlassen, ohne Fischereimuseum und Stockfischmuseum besucht zu haben. Es lohnt durchaus, hier etwas länger zu verweilen. Der stille Åvannet, also der von Bergen eingerahmte Å-See, ist schon nach kurzer Wanderung erreicht. Von den eigenwillig geformten, von hellen Gesteinsgängen durchzogenen hohen Uferklippen am kleinen Zeltplatz unmittelbar südlich des Ortes hat man eine schöne Aussicht nach Værøy und Røst sowie einen ungetrübten Blick ins Meer hinein – in die dichten Tangwälder, auf die ausgedehnten Seepockenteppiche, die zahlreichen Seeigel, Krabben und Strandschnecken.

Reine

Reine gilt als die Perle der Lofoten, als „schönster Ort Norwegens". Wer bei klarem Wetter den anstrengenden, extrem steilen und rutschigen Anstieg zum fast 500 Meter hohen Reinebringen wagt, wird belohnt mit einem grandiosen Blick ungewöhnlicher Schönheit. Zu Füßen liegt, von einem Kranz hoher Berge eingerahmt, der zauberhafte Reinefjord. Er schiebt seine Finger – Kjerkfjord, Bunesfjord und Forsfjord – weit in das großartige Gebirge hinein. Auf den flachen, durch Brücken miteinander verbundenen Schäreninseln am Eingang des Fjords liegt eine malerische Ansammlung kleiner Fischerorte: Reine, Olnilsøy, Sakrisøy, Andøy und Hamnøy – jeder für sich einen Spaziergang wert. Dieses ungezählte Male abgebildete, vollendet harmonische Ensemble bildet das auserwählte Reiseziel der meisten Lofot-Touristen, ein Eldorado für Maler und Fotografen. So wie eine Wan-

▶ *Aussicht vom Tindstind nach Süden. – Der 490 Meter hohe Gipfel, dessen Steilwand direkt über den Häusern von Å steht, erlaubt eine fantastische Sicht auf die südlichsten Berge von Moskenesøy und auf die südlichsten Inseln der Lofoten – auf Røst und Værøy, deren Spitzen am Horizont durch den sich gerade auflösenden Wolkennebel ragen.*

derung zu einem der Aussichtspunkte erschließt eine Fahrt mit dem Tourboot über den Kjerkfjord das unvergleichliche Panorama.

Außenküste

Von den wenigen Häusern am Ende von Kjerkfjord und Bunesfjord führen alte Stiege an die etwa 35 Kilometer lange Westküste von Moskenesøy. Überall an dieser Außenküste findet der Wanderer beeindruckende Landschaftsbilder. An vielen Stellen stürzen 300 oder 400, am Fuglhuk sogar 500 Meter hohe, steile Wände fast senkrecht ins Meer. Es sind fossile Kliffs, vor einigen tausend Jahren vom Meer geformt, heute aber – durch die Landhebung bedingt – an ihrer Basis kaum noch im Angriffsbereich der Brandung gelegen. An manchen Hängen zeugen gewaltige Schuttfächer von intensiver Verwitterung. Zwischen der unwirtlichen Steil-

74

◄ *Am Hafen von Å. – Das charakteristische Falunrot von Gasthaus und Rorbuer bestimmt, wie in vielen anderen Fischerorten, das Bild des Hafens. Dahinter das Gebirge: links Andstabben (514 m), rechts hinten der spitzgipfelige Gjerdtind (821 m).*

◄ *Blick auf Å. – Wer diesen Blick vom Tindstind auf den südlichsten Ort der Lofoten im Original genießen möchte, sollte schwindelfrei sein. Das Foto könnte als Orientierungsplan für das traditionsreiche Fischerdorf dienen, zeigt es doch nahezu alle Details – bis hin zum großen Parkplatz am Ende der E 10, gleich hinter dem Tunnel. Im Zentrum liegt der historische Gebäudekomplex von Fischerei- und Stockfischmuseum.*

▼ *Gebirgslandschaft im Süden von Moskenesøy. – Von Sørvågen aus führen mehrere Wanderpfade in dieses steil aus dem Meer aufragende Gebirge hinein – durch Gletschertäler, vorbei an Karseen, über Schneefelder, auf die Gipfel. Über den niedrigen Bergrücken vor dem markanten Gipfel Munkan (rechts, 775 m) führt der Pfad hinüber zur Munkebuhütte am Ternnessee und weiter zum Forsfjord. Im Vordergrund der Stuvdals-See.*

LOFOTEN NORDMEERKÜSTEN | MOSKENESØY

AUFSTIEG ZUM TINDSTIND

Bedeckter Himmel, eine dunkle, graue Wolkendecke mit gerader Unterkante hängt über uns ... Zwei Stunden später: Da die Bewölkung sich plötzlich auflöst und die ersten Wolkenfetzen wallen, die Sonne durchscheint, fahren wir nach Süden, nach Å, um auf den Tindstind zu steigen, einen Berg mit einer als fantastisch beschriebenen Aussicht. Viele Tage haben wir auf einen solchen Moment gewartet. Jetzt werden wir unruhig. Die Sonne scheint, es wird warm, der düstere, drohende Landschaftscharakter ist fort. Freundlichkeit ist da, das Leben ist zu spüren. Vor den Häusern, in den Gärten, auf der Straße, den Wegen sind plötzlich Menschen zu sehen. War es jemals grau und kalt? Schnell wechseln hier die Wetterstimmungen.

In Sørvågen finden wir rasch den Einstieg und gehen einen unmarkierten, steilen, nassen und oft rutschigen Pfad hinauf. Vom vielen Regen der letzten Tage sind die wenigen Fußspuren weggewaschen, oft verliert sich der Pfad. Wir queren einen Hang mit kniehohem, klatschnassen Farnkraut und steigen dann pfadlos nur noch hinauf, hinauf. Unter uns strahlt die Sonne über das Meer und lässt es in einem unbeschreiblichen Blau leuchten, im See unten spiegeln sich die grünen Berghänge. Über uns hängen dichte, graue Wolken.

Wohin steigen wir eigentlich?

Unbeirrt klettert Rolf aufwärts, ich hinterher, schwitzend und geplagt von leichten Zweifeln. Was wollen wir oben? Wozu die Schinderei, wenn wir nichts sehen? Und dann, nachdem wir ein steiles Geröllfeld überwunden haben, stecken wir mitten drin im grauen, feuchten Wolkennichts. Vorsichtig tasten wir uns weiter bergauf, plötzlich beginnt es um uns zu wallen, Wolkenschleier sausen nach oben – und dann umhüllt uns gleißendes Licht! Wir stehen auf dem schmalen Grat! Vor unseren Füßen verhüllt eine leuchtend weiße Wolkenwatte die Tiefe, darüber ragt das hohe, düstere Felsmassiv in den klar blauen Himmel. Eine unwirkliche Welt!

Und nun beginnt ein zauberhaftes Schauspiel: Die dichte Wolkendecke zerreißt, es zieht und wogt und wallt. Weit über dem Wolkenmeer tauchen die dunklen Felszacken der Insel Værøy auf. Dicht unter uns werden die Schwindel erregend steil abfallenden Felswände sichtbar, eine zartblaue Wasserfläche schimmert in der Tiefe. Wir beugen uns vorsichtig nach vorn und sehen direkt unter uns die kleine Ortschaft Å im Sonnenschein liegen, die rotbraunen Holzhäuser verstreut auf den Felsschären, die Hauptstraße in einer Schleife endend; ein Spielzeugwunderland. Auf dem sonnenbeschienenen Meer gleiten Boote, Kutter und hinterlassen eine glitzernde Spur. Klares, kaltes Abendlicht zeigt eine fantastische Welt.

▶ *Wolke über dem Å-See. – Wenige Minuten vor dieser Aufnahme vom Tindstind ragten nur dunkle Gipfel aus einem dichten weißen Wolkenmeer. Dessen rasche Auflösung gestaltete sich zu einem unvergesslichen Naturschauspiel. Der Fußpfad von Å ins Gebirge verläuft am linken Seeufer; rechts im Hintergrund der 821 Meter hohe Gipfel des Gjerdtind.*

heit dieser Küste liegen kleine sandige Buchten, die noch bis Mitte des 20. Jahrhunderts besiedelt waren. Die heutigen Wüstungen von Mulstø, Stokvik, Kvalvik, Horseid, Bunes, Hermansdal und Revsvik waren früher winzige, beständig von Unwettern bedrohte Fischerbauer-Siedlungen. Deren Bewohner nahmen die strapaziöse Unabhängigkeit lieber hin als ein Leben unter dem Druck der allgewaltigen „Dorfkönige" an der Ostküste.

Mulstø, am nördlichsten Punkt von Moskenesøy gelegen, erreicht man von Ytresand, einem Ortsteil von Fredvang, auf verwachsenem Uferweg. Auch zur Stokvik führt, von Å aus längs des Å-Sees und über das Gebirge, ein schmaler Fußpfad. Refsvik im äußersten, unzugänglichen Süden ist nur mit dem Boot erreichbar. Dorthin werden Ausflüge angeboten, bei denen die Südspitze der Insel umrundet und auch die Refvikshöhle besucht wird, eine 50 Meter hohe Brandungshöhle mit 3.000 Jahre alten Felszeichnungen.

Gebirge und Gipfel

Das kleine Gebirge mit Dutzenden hoher Gipfel (zehn sind höher als 800 Meter), mit imposanten Tälern und zahlreichen Seen bietet auf Moskenesøy eine ungewöhnlich beeindruckende alpine Landschaft. Überall trifft man auf die Spuren des schleifenden Eises der Talgletscher, welche die Insel während der letzten Vereisung formten. So gewaltig die Gipfel hier aus dem Meer in den Himmel ragen, so abweisend sie auch erscheinen mögen – zumindest einige davon kann auch der „normale" Bergwanderer erklimmen. Herrliche Sicht belohnt für manche Kraxelei auf den kaum unterhaltenen Pfaden. Von Sörvågen aus führt ein schmaler Fußstieg auf den Tindstinden, im Norden direkt über Å gelegen mit fantastischem Blick nach Værøy und Røst. Vom selben Ausgangspunkt führt eine Wanderung mitten durch die Alpenlandschaft nach Norden über die 510 Meter hohe Djupfjordheia zur Hütte Munkebu am Ternnesvatn und

◄ *Aussicht vom Reinebringen auf den Kirchfjord. – Der zweifellos schönste Fjord des Nordlandes bezaubert durch die besondere Harmonie vom Eis geschaffener Landschaftsformen. Im Hintergrund erkennt man die Häuser von Kjerkfjorden. Das kleine Tourboot, das während der Saison mehrmals täglich über den Fjord fährt, hat gerade von Rostad abgelegt und ist auf dem Weg zurück nach Reine.*

▼ *Blick vom Reinebringen. – Ein großartiges Ensemble vor fantastischer Kulisse: Reine (unten rechts), Hauptort und Verwaltungszentrum mit Kirche, Schule und Sportplatz; Andøy (links darüber), durch eine Brücke verbunden mit der winzigen Sakrisøy; rechts davon Olnilsøy, darüber Toppøy mit Brücke hinüber nach Hamnøy. Rechts im Hintergrund die Lofotwand mit den Bergen von Flakstadøy und Vestvågøy.*

hinunter an den Forsfjord. Auch der Hermansdalstind, mit 1.029 Meter der höchste aller Moskenesøy-Berge, kann von geübten Bergwanderern nach längerem Fußmarsch erklettert werden.

Das „Flachland" von Moskenesøy

Der schmale Kåkersund, Sundstraumen und Selfjord trennen die Moskenesøy von der Flakstadøy. Bei Fredvang, im äußersten Inselnorden und nur über zwei Brücken von Flakstadøy erreichbar, liegt eine reich gegliederte Schärenlandschaft mit fruchtbarem Marschland, Wiesenprielen, Watt und Sandstränden – als Kontrast zum gewaltigen Gebirgszug der Insel. Auf den sandigen Marschen um Fredvang reifte einst Getreide. Heute wächst dort meist Gras für die Rinder, die bei den Bauern von Ytresand und Indresand in den Ställen ste-

hen. Wer von Ytresand aus die nur wenig anstrengende Tour über den 300 Meter hohen Røren zur Stokvik unternimmt, hat einen einzigartigen Überblick über die große Bucht zwischen Moskenesøy und Flakstadøy mit ihren rein weißen Stränden, tiefgrünen Marschen und felsig-kuppigen Binnenschären vor gewaltigen Bergmassiven.

Værøy und Røst

Der Blick von der Ostseite der Lofoten nach Süden reicht an vielen Stellen bis zu den fernen hohen Berginseln weit draußen auf dem Meer. Durch den breiten Moskenstraumen, den berühmten „Mahlstrom", von den großen Inseln getrennt, liegen Værøy und Røst zwar einsam, sind aber doch dicht besiedelt. Die nördlicher gelegene, etwa 20 Kilometer von Moskenesøy entfernte Værøy ist

eine kompakte Insel mit über 400 Meter hohen Bergen. Røst dagegen besteht aus einem ausgedehnten Schärengarten. Viele der kleinen flachen Inseln sind mit der ebenso flachen Hauptinsel Røstlandet durch Brücken und Dämme verbunden. Zu Røst, dem „Märchenland am Ende der Welt", zählen auch die südlich davon gelegenen hohen Vogelinseln Vedøy, Storfjellet, Trenyken und Hærnyken, auf denen – zusammen mit Hunderttausenden anderer Seevögel – über eine Million Papageitaucher brüten. Sie sind das Traumziel mancher Vogelfreunde.

Die Siedlungen auf den ausgedehnten flachen Arealen der Inseln waren und sind eine wichtige Basis für die Lofotfischerei. Einige der Fähren zwischen Bodø und Moskenes laufen auch die Häfen von Værøy und Røst an. Wer diese besonderen Eilande, die südlichsten der Lofoten, erkunden möchte, muss auch auf ihnen übernachten. So bleibt den meisten Besuchern der Lofoten nur der sehnsuchtsvolle Blick zu den fernen Inseln.

◄ *Abendlicht über Reine. – Das ungewöhnlich harmonisch in die grandiose Landschaft eingebettete Fischerdorf bietet stets neue Impressionen. Hier blühen gerade Hahnenfuß, Storchschnabel und Kerbel üppig an den Uferhängen, darunter die Ebereschen. Im Hintergrund hängen helle Abendwolken an den spitzen Gipfeln, die den Kirchfjord umrahmen.*

▼ *Blick auf Moskenes und Sørvågen. – Für zahlreiche Besucher der Lofoten beginnt oder endet die Reise im Hafen von Moskenes, den die Fähren von Bodø anlaufen. Sørvågen ist ein florierender Fischerort. Nur an wenigen Stellen bietet die Ostküste von Moskenesøy so viel Platz für Siedlungen wie hier.*

81

◄ *Hafen von Hamnøy. – Tief hängende Wolken, Stille, kaum eine Bewegung im Hafen – auch eine solche Impression ist typisch für den Spätsommer. Im Winter weicht diese Melancholie meist heftiger Betriebsamkeit. Der geschützte Hafen ist dann wichtige Basis für die Lofotfischerei. Doch selbst im Sommer ist die Ruhe begrenzt, denn nur wenige Schritte weiter, direkt an der Hauptstraße, lärmen Hunderte von Dreizehenmöwen an einem großen Brutfelsen.*

▶ *Sandwatt vor Fredvang. – Das kleine Watt vor der sandigen Bucht bei Ytresand erinnert im Detail an die Nordsee. Silbermöwen, Austernfischer und Küstenseeschwalben beleben den Spülsaum. Die beeindruckende Kulisse im Hintergrund wird gebildet von den markanten Gipfeln der Außenküste von Flakstadøy bei Vikten und dem Küstengebirge von Vestvågøy (hinten links).*

▼ *Blick vom Røren. – Der kurze, steile Aufstieg von Ytresand zum 300 Meter hohen Bergrücken des Røren wird belohnt mit einer überwältigenden Aussicht. Von dort entstanden auch die Fotos auf den Seiten 98/99. Dieser Blick vom Røren nach Süden zeigt im Vordergrund das Marschland von Indresand und ganz im Hintergrund den schmalen Meeresarm von Sundstraumen/Kåkersund, der Moskenesøy von Flakstadøy trennt.*

◄ *Sommernacht bei Fredvang.*

▼ *Blick auf Fredvang. – Im äußersten Norden von Moskenesøy liegt dieses weitläufig besiedelte „Flachland" der Insel mit Sandwatt, von Wiesenprielen durchzogenem Marschland und Binnenschären. Zwei Brücken verbinden dieses Gebiet mit der Flakstadøy im Hintergrund (links Ramberg). Auf diesen Flächen wird wahrscheinlich schon seit zwei Jahrtausenden Landwirtschaft betrieben; auf den fruchtbaren Marschen reifte früher Getreide. Heute wächst hier das Gras für die Kühe in den Ställen der Bauern von Fredvang.*

▶ *Sommernacht bei Fredvang.*

▼ *Auf dem Campingplatz von Fredvang. – Nur wenige Plätze auf den Lofoten bieten so viel Freiraum wie diese große, abgelegene Wiese, direkt hinter Düne und Strand. Die sanften Hügel werden überragt vom über 900 Meter hohen Westmassiv der Flakstadøy. Diese Aufnahme entstand Mitte August. Im Juli, zur Zeit der von hier aus gut zu beobachtenden Mitternachtssonne, ist dieser Platz natürlich wesentlich stärker belegt.*

LOFOTFISCHEREI

Seit Jahrtausenden ziehen in jedem Winter die nordatlantischen Dorsche aus der Barentssee in den Vestfjord und in die anderen Küstengewässer von Lofoten und Vesterålen, um hier zu laichen. Ebenso lange fischt wahrscheinlich der Mensch vor diesen Ufern. Seine ersten Spuren hinterließ er schon vor ungefähr 6.000 Jahren.

Im gesamten vergangenen Jahrtausend beherrschte die winterliche Lofotfischerei das Leben auf den Inseln. Sie war die wirtschaftliche Grundlage der Bevölkerung an der ganzen Nordmeerküste – nicht nur eigene Nahrung, sondern auch weitaus wichtigstes Handelsgut. Die Fischerei prägte die Menschen und das äußere Bild dieser Region: malerisch erscheinende Fischerdörfer und -häfen mit Rorbuer und Trockengerüsten inmitten einer großartigen Landschaft.

Bis weit ins 20. Jahrhundert hinein betrieb man den oft gefahrvollen Fischfang mit kleinen, offenen Booten, mit Handangel und Langleinenangel, später auch mit dem Stellnetz. Nicht nur die Ortsansässigen fuhren hinaus zum Fang, sondern auch zahlreiche Gastfischer. In den Häfen

lagen während der Fangsaison oft hunderte Boote. Die Rorbuer dienten als primitive Unterkünfte für die vielen Gäste (1896 waren hier über 32.000 Fischer auf Fang). Zahlreiche Dokumente erinnern in den hiesigen Museen (Seiten 136/137) an diese bewegten Zeiten.

Wer heute im Sommer ahnungslos auf die Lofoten fährt, könnte denken, die Fischerei wäre hier nur noch eine Legende: Die grauen hölzernen Trockengerüste sind leer, die wenigen kleinen Kutter liegen still im verträumten Hafen. Im Sommer ruht der Fischfang. Nach wie vor ist die Lofotfischerei reine Saisonarbeit – den Dorsch fängt man von Januar bis April, den Hering hauptsächlich im Herbst. Dann herrscht in den Häfen große Betriebsamkeit. Wer die Fischerei erleben möchte, muss zu dieser Zeit reisen.

Die einstmals riesigen Fangmengen bei der Lofotfischerei (1947 wurden 146.000 Tonnen Dorsch angelandet) gingen durch Überfischung längst auf einen Bruchteil zurück (1997 nur noch 33.000 Tonnen). Es sind auch nicht mehr tausende Boote, sondern

Der Hafen von Henningsvær zählt zu den wichtigsten Anlandungsplätzen für den Fang der Lofotfischer.

Während der Fischereisaison sind auf dem Fjord und seinen Seitengewässern zahlreiche kleine Kutter beim Fang zu beobachten.

insgesamt nur noch etwa 600 kleine Kutter und einige größere Frosttrawler, die heute zum streng reglementierten Fang hinaus fahren, um in einem genau bestimmten Gebiet die ihnen zugeteilte Fangquote „abzufischen". Noch immer fischt der größte Teil der Fischer den Dorsch mit der Handangel (heute mechanisiert), mit der Langleinenangel oder dem Stellnetz. Außerdem kommen Drehwade und Schleppnetz zum Einsatz.

Neben Dorsch und Hering fängt man an der Nordmeerküste auch Köhler, Leng, Lumb, Schellfisch, Kattfisch, Steinbutt und Heilbutt, jedoch längst nicht in solchen Mengen.

◄ *Lofotfischer in Ballstad.*

▼ *Mit solchen etwas größeren Kuttern wird meist Stellnetzfischerei betrieben.*

LOFOTFISCHEREI

Fangmethoden bei der
Lofotfischerei auf Dorsch:
1 Handangel
2 Stellnetz
3 Langleinenangel
4 Drehwade

Fischanlandung in Stamsund.

*Dieser „Angelfischer" war mit seinem winzigen Kutter allein
draußen auf dem Vestfjord und hat im Laufe des Tages etwa 60
große Dorsche gefangen.*

Übernahme des Fanges.

Viele Fischer schlachten ihren Fang bei der Ablieferung selbst aus.

LOFOTFISCHEREI

Dorsch und Kabeljau?

Dorsch und Kabeljau sind Fische
von ein und derselben Art. In
Deutschland heißen die in der Ostsee
gefangenen Tiere alle „Dorsch".
An der Nordsee bezeichnet man als
Dorsch nur die jungen, noch nicht
geschlechtsreifen Tiere. Die laichbereiten Fische heißen dort
generell „Kabeljau". In Norwegen
verwendet man „Torsk" (Dorsch) als
Überbegriff für alle Fische dieser Art.
Die laichbereiten Fische nennt man
„Skrei".

◀ *Das Köpfen und Ausschlachten der
Dorsche per Hand ist Schwerarbeit.*

▼ *In diesen Holzfässern ist Dorschrogen in
einer Salz-Zucker-Mischung eingelegt.*

▲ *Nach dem Ausschlachten wird der
Fang gewogen.*

*Mitte:
Die Dorschköpfe werden entweder zu
Fischmehl verarbeitet oder getrocknet.*

▶ *Ausgeschlachtete Dorsche vor der
Weiterverarbeitung.*

▶ *Am Stockfischmuseum in Å. – Unmittelbar in der Umgebung des einzigartigen Museums trocknen im März die Fische. Die Besucher, die fast ausschließlich in der Sommersaison hierher kommen, sehen davon nur Fotos.*

▼ *Hamnøy. – Hafen, Lagerhäuser und Rorbuer des winzigen Inselortes bilden ein ansprechendes Ensemble vor großartiger Bergkulisse.*

STOCKFISCH

Wurden früher größere Mengen von Fisch in recht kurzer Zeit gefangen, so bildete die Konservierung stets ein großes Problem. Hier auf den Lofoten kam die Natur den Fischern entgegen. Durch die einzigartigen klimatischen Verhältnisse an den Ufern dieser Inseln ist es möglich, die großen Fische ohne jedes Konservierungsmittel (also auch ohne Salz) innerhalb von sechs bis acht Wochen zu trocknen. Dazu muss es beständig kühl, aber frostfrei sein. Weiterhin sind eine geringe Luftfeuchtigkeit, beständiger Wind und eine Spur von Salz in der Luft erforderlich. Diese Bedingungen sind hier auf den Lofoten erfüllt und

kaum an einer anderen Stelle an den Küsten der Erde so ausgeprägt. Die ausgeschlachteten, gewaschenen Dorsche werden paarweise an den Schwänzen zusammengebunden und auf hölzernen Gerüsten in Ufernähe aufgehängt. Diese früher aus Stöcken zusammengebauten Trockengestelle gaben vermutlich auch den getrockneten Fischen ihren Namen: Stockfisch. Alle Gestelle stehen unmittelbar am Ufer, meist etwas erhöht, an seit alter Zeit bewährten Positionen.

Während der Trocknung verliert der Fisch etwa 70 Prozent seiner Feuchtigkeit und wird dabei knochenhart.

So hält er sich, ohne jede Kühlung, über viele Jahre. Vor seiner Verwendung weicht man ihn längere Zeit ein. Dabei bekommt der Fisch viel von seiner ursprünglichen Beschaffenheit zurück. Noch heute zählen Stockfischgerichte (ursprünglich Fastenspeise) in Italien und Spanien zur traditionellen Küche.

Stockfisch war, durch seinen gute Haltbarkeit bedingt, schon im Mittelalter ein begehrtes Handelsobjekt. Lange Zeit beherrschten hanseatische Kaufleute nicht nur den Salzherings-, sondern auch den Stockfischhandel, der über Bergen abgewickelt wurde.

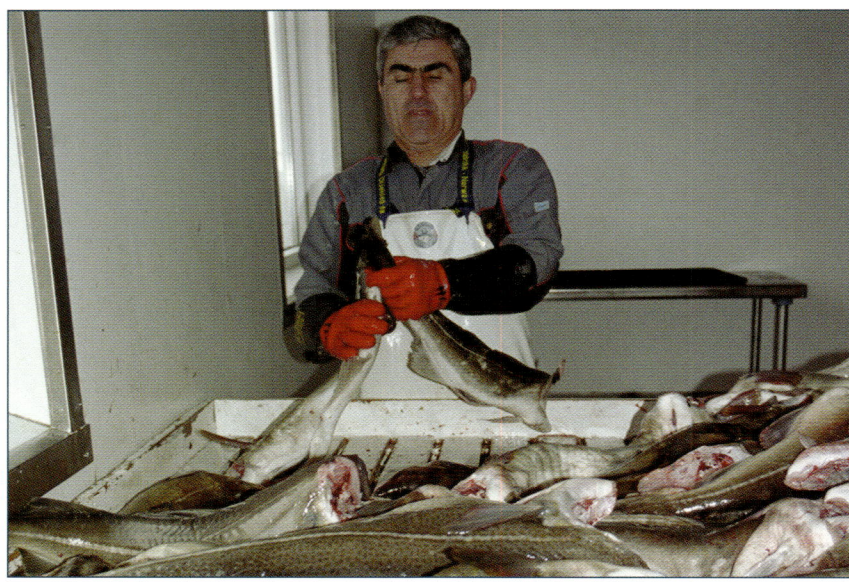

Oben links:
 Binden. – Je zwei Dorsche werden an den Schwänzen zusammengebunden.

▲ *Hängen. – Heute erfolgt das Hängen*
◄ *der Dorsche meist von einem Fahrzeug aus, das teilweise sogar unter dem Trockengerüst entlangfährt.*

► *Trockengerüste. – Etwa 400.000 Quadratmeter der Lofoten sind gegen Ende der Fangsaison mit zum Trocknen aufgehängten Dorschen bedeckt.*

In Bergen auf „der Brücke" (Bryggen) saßen die Kaufleute, kauften dort den Stockfisch auf und machten damit ihr gutes Geschäft. Die Lofotfischer blieben, ganz unabhängig davon, wer ihnen den Fang abkaufte, stets arme Leute. Erst seit 1938 gibt es eine Absatzgenossenschaft aller Fischer, welche die Aufkaufpreise selbst festlegt.

Auch heute, im „Zeitalter der Frostfilets", werden etwa 30-40 Prozent des Fanges aus der Lofotfischerei in traditioneller Weise getrocknet. Hauptabnehmer ist Italien. Noch immer sollen am Ende einer Fangsaison rund 400.000 Quadratmeter der Lofotinseln mit zum Trocknen aufgehängten Dorschen bedeckt sein.

Der Sommerurlauber sieht nur die leeren Trockengerüste, denn spätestens am 12. Juni muss – nach alter Regel – aller Stockfisch von den Gerüsten abgenommen und eingelagert sein. Die Sortierung des trockenen Fisches in viele verschiedene Handelsklassen gilt als besonders qualifizierte Tätigkeit. Der Versand geschieht heute in luftdurchlässigen Jutekästen, deren Deckel vernäht werden.

▲ Sortierter Stockfisch. – In viele verschiedene Qualitätsklassen sortiert und in luftdurchlässige Jutekästen verpackt, nimmt der Stockfisch seinen Weg zu den südeuropäischen Verbrauchern.

◄ Stockfisch-Lagerhalle. – Hier lagert ein Vermögen, denn noch heute erzielt der Stockfisch beim Export einen guten Preis. Früher war er an der Nordmeerküste die wichtigste Handelsware.

► Frisch aufgehängte Dorsche. – Am Hafen von Hovsund auf Gimsøy, an der Außenküste, trocknen die Fische besonders gut. Deshalb hängen hier im März hunderte Tonnen Dorsch auf den Gerüsten.

FLAKSTADØY

Die „Vier-Gebirge-Insel"

Vier markante, deutlich voneinander getrennte Bergzüge bilden die viertgrößte Insel der Lofoten, ein fast durchweg bergiges Eiland. Flaches, besiedeltes Gebiet beschränkt sich auf wenige Ufersäume – auf die schmale Strandflate, die nur bei Ramberg und Flakstad ausnahmsweise etwas breiter ist. Der für Flakstadøy auffallende Nord-Süd-Verlauf einiger Sunde, Fjorde, Täler und Bergzüge wird zurückgeführt auf den geologischen Bau der Insel, der etwas abweicht von dem der übrigen Lofoten.

Der schmale Sundstraumen im Westen und der wesentlich breitere Nappstraumen im Osten trennen die Flakstadøy von ihren beiden Nachbarinseln. Zwei nebeneinander gebaute Brücken überspannen heute den nur reichlich hundert Meter breiten Kåkersund, die schmalste Stelle am Sundstraumen, durch den das Wasser oft mit enormer Geschwindigkeit strömt. Unter dem mehr als einen Kilometer breiten Nappstraumen führt ein Tunnel nach Vestvågøy. Beide Ströme sind viel befahrene Wasserstraßen zwischen dem Westfjord und der Außenküste. Sie werden während der Fischfangsaison von zahlreichen Kuttern befahren, die auf diesen Wegen rasch von den geschützten Häfen an der Ostküste zu den ertragreichen Fangplätzen vor der Westküste gelangen.

Westgebirge

Am südlichsten Ausläufer des westlichen Bergmassivs, des niedrigsten der Insel, liegt zwar exponiert, aber doch recht geschützt der idyllische Naturhafen von Sund. In dem einst für die Lofotfischerei recht bedeutenden Ort scheint heute das Fischereimuseum fast wichtiger zu sein als der Fischfang selbst. Der tief eingeschnittene Hafen ist am besten von einer der hohen Klippen in seiner Umrandung zu überblicken. Die sehenswerte Szenerie wird steilwandig überragt vom Gipfel Sundmannen (432 m). Finnbyen (457 m) steht als dessen Gegenpart im Norden des Bergzuges. Die heutige Verbindung zwischen Westmassiv und Mittelmassiv von Flakstadøy bildet ein flaches vermoortes Tal, dessen Grund hauptsächlich aus gehobenem Meeresboden besteht. Dort verläuft auch die schmale Straße nach Nesland, die von der E 10 abzweigt.

Nesland

Am östlichen Ufer des Skjelfjords, im Angesicht der markanten Gipfel des fast tausend Meter hohen Mittelmassivs, gelangt man auf schmaler, nicht asphaltierter Straße zu einer der interessantesten Landschaften auf Flakstadøy. An der Südspitze der Halbinsel schlängelt sich der Fahrweg durch riesige, eigenwillig geformte Felsen. Vor den wenigen Häusern von Østre Nesland endet der Weg. Folgt man dem kaum begangenen Fußpfad nach Nusfjord, so gelangt man zu bemerkenswerten Uferklippen, die nach Südwesten und Nordosten eine überwältigende Aussicht auf die Lofotwand bieten. Auffallend ist auch das hier anstehende graue, eigenartig körnig strukturierte Gestein, uralter Diabas, der wahrscheinlich bei submarinen Vulkanausbrüchen gebildet wurde und der heute die hohen Berghänge im Rücken bildet. Im Gestein der weitläufigen, abgerundeten Uferfelsen eingeschliffen sind hier die schönsten „Gletschertöpfe" der Lofoten, Zeugen von Wasserfällen, die einst in tiefen Gletscherspalten auf den Felsgrund stürzten und dabei durch „Mahlsteine" die metertiefen Kessel schufen.

Ramberg und Flakstad

Stjerntinden (914 m) und Stortinden (866 m) sind die höchsten Gipfel im lang gestreckten Mittelmassiv der Flakstadøy. An seinem nördlichen Ende, von der E 10 im großen Bogen umrundet, ist etwas mehr Platz am Ufer. Dort liegt Ramberg, der kleine Hauptort der Insel, mit seinem breiten, sichelförmigen, rein weißen Sandstrand. Die wenigen Häuser des Fischerdörfchens Flakstad sind breit gestreut auf dem größten sandigen „Flachland" der Insel. Mittendrin steht auf grüner Wiese, malerisch von Bäumen eingerahmt, die winzige, leuchtend rot getünchte Holzkirche mit ihrem Zwiebeltürmchen.

▶ *Vikten. – Das schön gelegene kleine Dorf an der Außenküste der Flakstadøy wurde auf dem gehobenen Strand vor einem Moränenkliff (rechts) gebaut und ist kaum vor den Gewalten des Nordmeers geschützt. Stürme richteten in der Vergangenheit oft schwere Schäden an. Die gewaltige Steilwand mit Bjørntinden (565 m) und Møntinden (464 m) im Hintergrund war früher ein aktives Kliff.*

▲ *Blick von Moskenesøy nach Flakstadøy. – Die Aussicht vom Røren bei Fredvang bietet dieses wunderschöne Halbrund einer Bucht, deren niedrige Ufersäume von Bergketten eingerahmt werden. Linke Seite: ganz im Hintergrund links das Medskolmen-Massiv auf Vestvågøy; rechts das Nappsgebirge auf Flakstadøy, davor Vikten. Rechte Seite: links, tief in der Bucht, Vareid, rechts davon das Ostmassiv; weiter rechts das Mittelmassiv mit Flakstadtind (540 m) und Moltind (696 m), davor Ramberg; im Vordergrund Schären und Strandflate mit dem breitem Sandstrand von Fredvang.*

◄ *Sturmmöwen als Zaungäste. – Die Pfähle des morbiden Weidezauns am Rande des niedrigen Dünenkliffs vor Flakstad sind oft besetzt. Auf der Wiese weiden die Schafe, brüten die Brachvögel und blühen die Wildkräuter. Wie auf vielen anderen Uferwiesen reift hier im Juli/August der Kümmel. Wer mag, der kann sich die Dolden mit den braunen Körnern pflücken und als Wintervorrat trocknen.*

▶ *Alpenglühen am Nordmeer. – Das Westmassiv der Flakstadøy mit dem spitzen Gipfel des Stortind (866 m) wird von den letzten Strahlen der untergehenden Sonne beschienen. Blick von Fredvang nach Südosten – ein Bild in „Echtfaben", kein digital bearbeitetes Foto!*

Sommer in den Klippen. – Kuckucks-Lichtnelken, Hornklee und Wollgras blühen rings um einen kleinen Tümpel in den Uferklippen bei Nusfjord. Nur einige der Touristen, die das erstrangige Touristenziel besuchen, gehen wenige Schritte weiter und können sich an dieser arktischen Sommerblüte erfreuen. Auch auf den Lofoten erschließt sich die Natur nur demjenigen, der sie zu entdecken und zu erleben weiß.

Rorbuer in Nusfjord. – Die im landestypischen Falunrot gestrichenen Holzhäuschen waren früher primitive Unterkünfte für die Gastfischer während der Fangsaison. Heute dienen sie als stilvolle Unterkünfte für Touristen und verfügen über komfortable Ausstattung. Da eine Seite der Hütte meist auf nacktem Fels, die andere auf hölzernen Stützen im Wasser steht, ist das Umfeld oft etwas karg. Es sei denn, dass die Wiesenblumen in der Umgebung gerade so üppig blühen wie hier Hahnenfuß und Storchschnabel.

Das ausgedehnte flache Ufer vor Flakstad ist bei einem kurzen Spaziergang rasch erkundet. Dort gibt es breite Strände, junge Dünen, ein schön bewachsenes Dünenkliff und blühende Strandwiesen mit duftendem Weißklee. Das Ganze wird vielfach unterbrochen durch niedrige Klippen. Wer sich an diesem abwechslungsreichen Ufer etwas Zeit nimmt, kann schöne Muschel- und Schneckenschalen sammeln, zahlreiche Wasservögel beobachten und den bei Ebbe auftauchenden Zuckertang bewundern, dessen bis zu vier Meter lange Blätter dann wie die gezackten Rücken von Reptilien im Wasser hin und her treiben. Und er kann natürlich in aller Ruhe die großartige Sicht auf die schroffen Bergmassive in der Umgebung genießen.

Nusfjord

Im innersten, bei Ebbe trocken laufenden Teil des Flakstadpollen zweigt die Nebenstraße von der E 10 nach Nusfjord ab und verläuft durch vermoortes Hebungsland im Tal zwischen Mittel- und Ostmassiv. Das idyllische Fischerdorf Nusfjord gilt als das am besten bewahrte der Lofoten und steht auf dem Programm aller Reiseveranstalter. Seine ockergelben und falunroten Holzgebäude sind in vollendeter Harmonie um das kleine Hafenbecken gruppiert. Seit 1975 steht dieses einmalige Ensemble auf der UNESCO-Liste erhaltenswerter Kulturdenkmäler – ist also „Weltkulturerbe". Die steilwandige Nesheia (425 m), der südliche Gipfel im Ostmassiv, bildet dazu eine malerische Bergkulisse.
Von Nusfjord aus führt ein anstrengender Fußpfad hinauf auf das Mittelmassiv, zum 746 Meter hohen Masstinden, der bei klarem Wetter einen fantastischen Rundblick über die Lofoten garantiert. Auf dem historischen

Flakstadpfad, einem alten Fischerweg, kann man von Nusfjord bis nach Nesland wandern. Es lohnt auch, die nahen vorgelagerten Uferklippen zu erkunden. Zwischen ihnen blühen im Frühsommer die Wiesenblumen besonders üppig – Sumpf-Dotterblume, Scharfer Hahnenfuß, Wiesen-Storchschnabel, Rote Lichtnelke und Kuckuck-Lichtnelke.

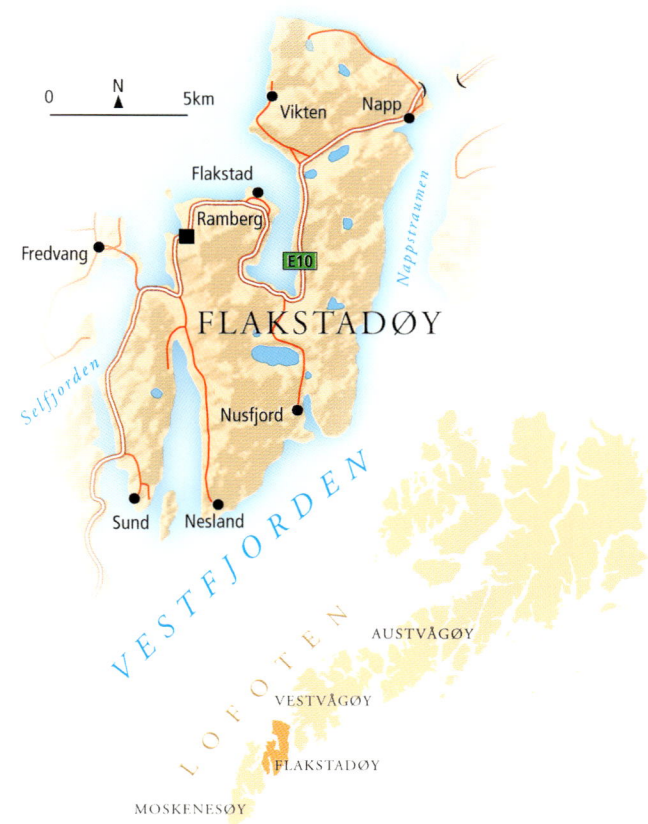

Ostmassiv

Am nahezu geradlinig verlaufenden östlichen Ufer des Nappstraumen gibt es keine Straße, sondern nur den Flakstadpfad, einen sehr schönen, aber nicht immer „fußgerechten" Stieg vom florierenden Fischerdorf Napp längs des Ufers, vorbei am landschaftlich schönen Sørdalen und an der unter einem Felshang gelegenen Steinzeitsiedlung Storbåthellaren, in einem Quertal um den Straumsøy-See herum und übers Gebirge, hinunter durch niedrigen Birkenwald bis nach Kilan an der E 10. Nördlich von Kilian rückt die zerfurchte Steilwand des Blekktinden (652 m), des höchsten Gipfels im Ostmassiv, dicht an das Ufer und damit an die E 10 heran und bietet einen großartigen Anblick für jeden Reisenden – so wie der auf der anderen Seite des Flakstadpollen aufsteigende Stortinden (866 m).

Nappsgebirge

Durch ein breites, nur wenig ansteigendes Tal (durch das auch die E 10 führt) werden das kleinen Bauerndorf Vareid auf der Westseite und das Fischerdorf Napp an der Ostseite der großen Halbinsel miteinander verbunden; das Ostmassiv und das Nappsgebirge der Flakstadøy voneinander getrennt. Von Vareid führt eine Nebenstraße nach Vikten, dessen bunte Häuser kaum vor den Gewalten des Nordmeers geschützt an der Außenküste liegen. Vor dem Ort erstreckt sich ein breiter Strand – teils sandig, teils mit großen, oft interessant geformten Geschieben bedeckt –, dahinter ein wallartiges Moränenkliff. Das Ufer nördlich des Ortes beherrscht die gewaltige Steilwand von Bjørntinden (565 m) und Møntinden (464 m), die früher ein aktives Kliff war. Ein felsiger Pfad führt von Vikten um die Landspitze Hornneset herum bis zu den wenigen Häusern von Myrland, die in einer durch Hebung verlandeten Bucht wie auf einer Terrasse vor großartiger Bergkulisse idyllisch über dem Meer liegen. Sie sind auch auf schmaler Straße von Napp aus erreichbar. Myrland, hin und wieder als „vergessene Perle der Lofoten" bezeichnet, ist einer der schönsten Plätze für die Freunde der Mitternachtssonne. Wer eine großartige Aussicht vom Nappsgebirge über Flakstadøy, nach Moskenesøy und Vestvågøy wünscht, der kann von der E 10 aus in dem auf halbem Wege zwischen Vareid und Napp gelegenen Tal zum Hustinden (691 m) aufsteigen. Von Napp aus führt ein inzwischen ohne Maut passierbarer Tunnel, tief unter dem Nappstraumen verlaufend, hinüber nach Vestvågøy.

▶ *Am Strand von Flakstad. – Die sommerliche Stimmung an diesem herrlichen Nordmeerstrand verrät nichts von den Wassertemperaturen. Da sie zwölf Grad nur selten überschreiten, bleibt selbst ein rascher Lauf durch knietiefes Wasser für die meisten Urlauber eine Mutprobe. Vom „Hausberg" der Flakstadøy, dem 691 Meter hohen Hustind im Hintergrund, hat man eine schöne Aussicht auf die Strände von Flakstad.*

▲ Blick von Flakstad nach Vareid. – Vom Strand bei Flakstad schweift der Blick über den Vareidsund zu den Gehöften von Vareid. Deren Häuserzeile erstreckt sich längs des flachen Ufers und liegt quer vor dem breiten Tal, welches das Nappsgebirge (links) und das Ostmassiv trennt. Durch dieses Tal führt auch die E 10 hinüber nach Napp.

◄ Ufer bei Flakstad. – An diesem Strand vor Flakstad bleibt bei ablaufender Flut ein Spülsaum aus unzähligen Gehäusen kleiner Meeresschnecken zurück. Diese leben in riesiger Zahl in den Tangwäldern vor der Küste. Im Hintergrund der nördlichste Teil von Moskenesøy mit dem Gipfel Fuglhuk (557 m). Auf dem etwas niedrigeren Bergrücken davor liegt Røren, von dem aus die Bilder auf den Seiten 98/99 aufgenommen wurden.

▲ *In Vareid. – Im späten Winter zeigt sich die Landschaft schon viele Stunden im vollen Sonnenlicht. Dann werden die Kontraste besonders augenscheinlich. Im Hintergrund das noch schneebedeckte Mittelmassiv der Insel mit dem Stortind (866 m).*

▶ *Strand vor Ramberg. – Der Hauptort der Flakstadøy besitzt diesen rein weißen, sichelförmigen Sandstrand, der bei sonnigem Sommerwetter zahlreiche Touristen anzieht.*

▶ *Im Hafen von Napp. – In dem sehr geschützt am Nappstraumen gelegenen Hafen herrscht Sommerruhe. Die kleinen, modernen Kutter der Fischer von Napp liegen sauber aufgeklart am Schwimmsteg. Gefischt wird hauptsächlich im Winter. Im Hintergrund, auf der anderen Seite des Nappstromes, überragt der 670 Meter hohe Skottind den südöstlichsten Zipfel von Vestvågøy bei Ballstad.*

◀ *Uferklippen bei Østre Nesland. – Grauer Syenit bildet hier die Uferklippen. Im Vordergrund der schönste Gletschertopf der Lofoten. Er entstand einst am Grunde einer tiefen Gletscherspalte, in die das Schmelzwasser bis auf den Felsgrund stürzte und dabei beständig jene „Mahlsteine" drehte, die den metertiefen Kessel aushöhlten. Im Hintergrund die Häuser von Østre Nesland, darüber die Gebirge von Moskenesøy.*

▼ *Nusfjord. – Der von hohen Bergen überragte, idyllische Fischerort zählt heute zum Erbe der Weltkultur und zu den am meisten besuchten Attraktionen der Lofoten. Im stillen Hafenbecken fehlen nur die Kutter, die hier während der winterlichen Fangsaison ihren geschützten Liegeplatz haben. Wer dieses schöne Ensemble im Sommer ohne Menschenmassen genießen möchte, der sollte Nusfjord frühmorgens und spätabends besuchen.*

107

◄ *Nacht am Selfjord. – Wie eine wattige Decke liegt die „Außenküstenwolke" über der nördlichen Moskenesøy. Unter ihr herrscht graues Zwielicht. Nur durch das Tal zur Kvalvik fällt ein Strahl der tief stehenden Nachtsonne und beleuchtet wie ein Scheinwerfer die Szenerie.*

▼ *Flakstadpollen. – Dieser breite Fjord zwischen Ostmassiv und Mittelmassiv (rechts) der Flakstadøy besitzt nur geringe Wasser- tiefen und läuft in seinem innersten Teil bei Ebbe teilweise trocken. Die E 10 umrundet das Gewässer, das alle Fahrzeuge zu einem fast zehn Kilometer langen Umweg zwingt. Der markante Gipfel im Hintergrund ist Stjerntinden, mit 914 Metern höchster Berg der Flakstadøy.*

▶ *Aussicht vom Hustind nach Flakstad. – Der Hustind ist mit*
▼ *seinen knapp 700 Metern Höhe ein für Bergwanderer problemlos*
erreichbarer Aussichtspunkt. Bei diesem Blick nach Südwesten
fallen zuerst die weißen Kalksandstrände auf, die das „Flachland"
von Flakstad einrahmen. Weiter rechts erkennt man den Strand
von Ramberg. Der höchste Gipfel im Mittelmassiv darüber ist der
spitze Stortind (866 m). Im Hintergrund rechts Moskenesøy.

WÄLDER DES MEERES

Nach einem stürmischen Tag wirft das langsam zur Ruhe kommende Meer bei ablaufender Flut einen Wall aus Tang an den Strand. Diese „Großalgen", wie der Fachmann dazu sagt, wachsen in riesiger Menge an den norwegischen Felsküsten. Von der Hochwasserlinie bis zu einer Wassertiefe von etwa 15 Metern bilden sie hier die dichten „Wälder des Meeres". Die Gesamtmenge dieser Algen, die Biomasse, kann stellenweise mit der festländischer Wälder verglichen werden.

Hier, an den abwechslungsreichen Ufern des Nordmeeres, lassen sich die interessanten Großalgen besonders gut beobachten. Denn einerseits wachsen sie im Felswatt und an den Felswänden, Klippen und Schären unter der Wasserlinie besonders üppig. Andererseits gibt es viele Strände, an denen das Meer losgerissene Algen anspült. Dort können sich alle Interessierten mit ihnen beschäftigen.

Jede Art der sehr verschieden geformten Meeresalgen bevorzugt eine bestimmte Wassertiefe. Manche ertragen es, bei Ebbe längere Zeit trocken zu liegen. Andere gedeihen nur dort, wo sie dauerhaft vom Wasser bedeckt sind. Es gibt also mehrere „Algenzonen".

Allgemein bekannt ist der Blasentang, der in der oberen Gezeitenzone dichte Bestände bildet, oft bedeckt mit den „Posthörnchen", den Kalkröhren kleiner Würmer. Ebenso findet man Knotentang, Sägetang und den büschelig wachsenden Spiraltang.

Die kleinen dunkelbraunen Büschel des Gabeltangs wachsen auch noch dort, wo das Wasser bei Flut seine höchste Marke erreicht. An den Rändern stiller, flacher Buchten findet man ihn manchmal direkt neben den Strandastern.

Der zarte, leuchtend rote Seeampfer und der intensiv grüne Meersalat geben dem Großalgen-Angespül farbige Akzente. Ebenso auffallend ist der feingliedrige, stark verzweigte Schotentang. Dessen braune, längliche Schötchen liegen oft zu Tausenden am Spülsaum der Nordmeerstrände und gaben schon manchem Touristen ein Rätsel auf. Auch die hellgelben, beerenartigen „Fruchtkörper" des Knotentages werden oft angespült. Unverwechselbar sind die bis zu drei Meter langen, grünlichen Schnüre der Meersaite.

Der Blick bei Ebbe in das Wasser unterhalb der Gezeitenzone zeigt eine wenig bekannte, geheimnisvolle Welt: den dichten Wald aus den beständig in der Strömung hin und her wiegenden und sich aneinander reibenden großen, dunklen Blattkörpern von Zuckertang, Fingertang und Palmentang – die größten der hier im Nordmeer wachsenden Großalgen. Mit einem unglaublich harten Stock aus krallenartigen oder scheibenförmigen Wurzeln sind diese riesigen Algenkörper, die oft eine Länge von vier Metern erreichen, äußerst fest mit dem felsigen Untergrund verbunden. Deshalb werden – im Vergleich zu ihrer Gesamtmasse – selbst bei schweren Stürmen nur wenige von ihnen losgerissen.

In diesen dichten Algenwäldern leben unzählige kleine Tiere – Krabben und Krebse, eine Riesenzahl kleiner Schnecken, die auf den Algen weiden. Seesterne und Seeigel kriechen zwischen ihren Wurzeln, viele kleine Fische verstecken sich zwischen ihnen.

Wer Interesse an solchen Entdeckungen bekommt, der findet die entsprechenden Informationen am besten in einem Naturführer zum Thema Meer und Küste.

◄ *Felswatt bei Flakstad. – Bei niedrigstem Niedrigwasser tauchen große Bestände der riesigen, gewellten Blattkörper des Zuckertangs auf.*

► *Tang vom Spülsaum. – Nach Stürmen werden an den Stränden des Nordmeeres oft große Mengen verschiedenartiger Algen angespült. Sie lassen etwas ahnen von der Vielfalt der Gewächse unter dem Meeresspiegel.*

112

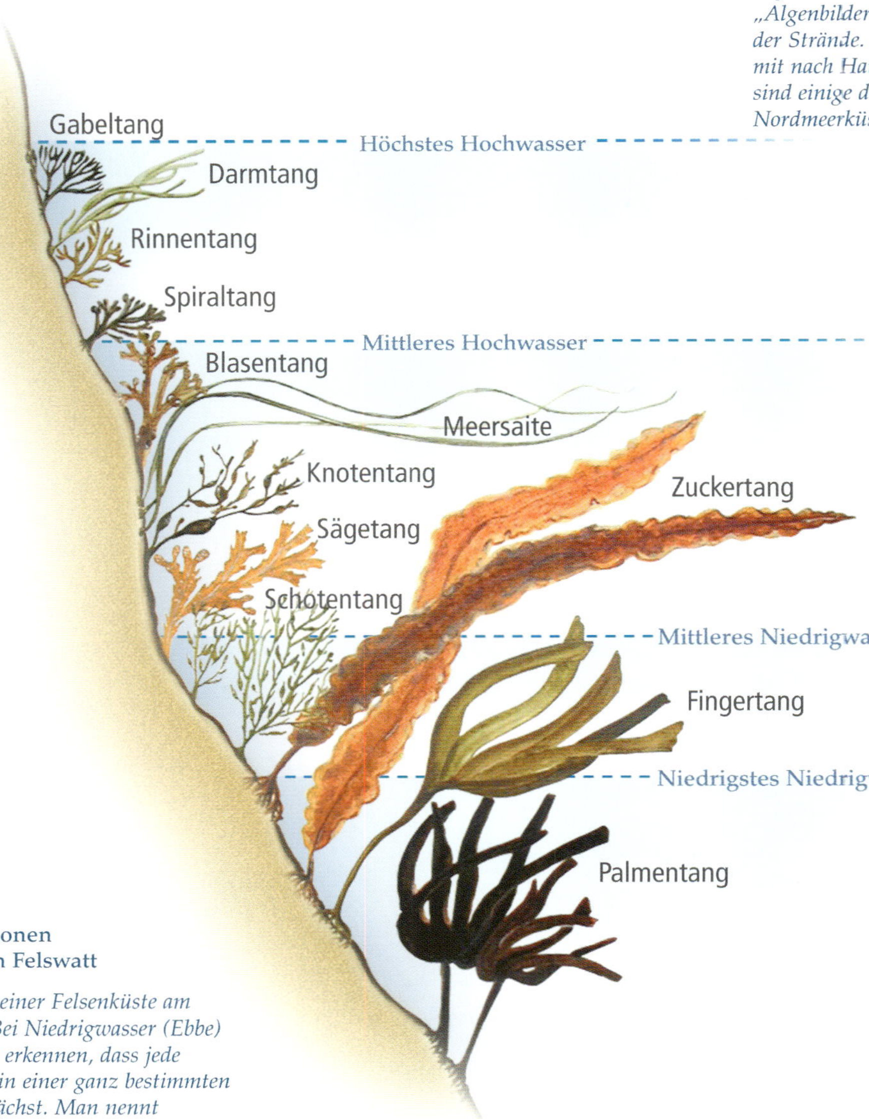

▶ *Algen vom Strand. – Das Material für solche „Algenbilder" findet sich am Spülsaum der Strände. Als Foto lassen sie sich leicht mit nach Hause nehmen. Auf diesem Bild sind einige der häufigen Großalgen der Nordmeerküste zu erkennen:*

1	*Fingertang*
2	*Zuckertang*
3	*Palmentang*
4	*Knotentang*
5	*Blasentang*
6	*Schotentang*
7	*Spiraltang*
8	*Sägetang*
9	*Meersaite*

Gabeltang

- - - - Höchstes Hochwasser - - - -

Darmtang

Rinnentang

Spiraltang

- - - - Mittleres Hochwasser - - - -

Blasentang

Meersaite

Knotentang

Zuckertang

Sägetang

Schotentang

- - - - Mittleres Niedrigwasser - - - -

Fingertang

- - - - Niedrigstes Niedrigwasser - - - -

Palmentang

Wachstumszonen der Algen im Felswatt

Großalgen an einer Felsenküste am Nordmeer. – Bei Niedrigwasser (Ebbe) kann man gut erkennen, dass jede Algenart nur in einer ganz bestimmten Wassertiefe wächst. Man nennt das „zoniertes Wachstum".

Meersaite. – Die langen schnurförmigen Algen wachsen hier in großer Zahl auf Geröllen in der unteren Gezeitenzone bei Djupvik am Lyngsfjord.

Palmentang. – Diese überaus kräftigen Algen sind mit ihren langen Stielen fest auf dem Fels verwurzelt. Nur bei niedrigstem Niedrigwasser fallen ihre Bestände teilweise trocken.

Knotentang und Blasentang. – Viele Felsen in der oberen Gezeitenzone sind so dicht bewachsen. Der Knotentang ist erkennbar an seinen hellgelben „Früchten" und den knotenartigen Verdickungen, der Blasentang an den oft paarig angeordneten Blasen.

Gezeitentümpel. – Dieser üppig mit Algen bewachsene Kessel zwischen den Klippen bleibt auch während der Ebbe mit Wasser gefüllt. Hier dominieren Blasentang, Sägetang, Fingertang und Schotentang.

Palmentang und Zuckertang. – Die Blattkörper des Zuckertangs (rechts) erreichen vier Meter Länge. Der Stiel des Palmentangs wird mehr als meterlang, sein gefächerter Blattkörper fast meterbreit.

Gabeltang. – Dieser niedrige, büschelig wachsende Tang ist in der oberen Gezeitenzone zu finden und liegt oft viele Stunden lang trocken.

VORFRÜHLING AUF DEN LOFOTEN

Ruhig brummt das kleine Flugzeug mit 30 Passagieren an Bord nordwärts. Die dichte Wolkendecke reißt auf und verschwindet schließlich ganz. Unter uns liegt die grandiose Berg-Fels-Fjordwelt der nordnorwegischen Küste.

Jetzt wird der Blick nicht hinaufgerissen an den steil aufsteigenden Felswänden; jetzt gleitet er tief hinab in Schnee- und Felsschrände, über weiß beschneite, einsame, majestätische Gipfel, schwarze Felsmassive, durchzogen von türkisgrauen Fjordbändern; schmale Flächen, von Menschen besiedelt, liegen dazwischen. Der Svartisen,

▲ Frühling in Å. – Die Sonne lässt den Schnee auf den Bergen langsam schmelzen und sorgt auch dafür, dass die überall aufgehängten Fische gut trocknen.

▶ Frühlingsanfang. – In einem Garten des historischen Fischereidorfes Å blühen die Schneeglöckchen.

◀ Die Kirche von Flakstad. – Das Holzkirchlein auf dem sandigen Uferareal soll aus sibirischem Treibholz gebaut worden sein und deshalb das russisch anmutende Zwiebeltürmchen erhalten haben.

Bolga, Åmnes, die Schären, Bodø – die Lofotwand weiß gezackt vor einem in Pastellfarben spielenden Winterhimmel ...

Auf dem Flugplatz in Leknes läuft alles ruhig und schnell ab. Sofort sind wir in einer besonderen Welt. Die Luft ist klar, kühl, sonnig und so erfrischend und belebend, dass wir beschwingt in das kleine, rote Mietauto steigen und mit singenden Spikesreifen in die Vorfrühlingswelt hineinfahren. Still liegt die Landschaft in einer ungewöhnlichen Farbigkeit da. Die flachen ockerfarbenen Moore werden durchzogen von blitzenden vereisten Wasserflächen und rotbrauner erhöhter Heide; weiße, verharschte Schneeflecke glitzern. Wiesen und Wiesenhänge leuchten fahlgelb, darüber und ringsum stehen still die verschneiten Bergmassive. Die Gipfelhänge und -mulden sind bestäubt mit rein weißem Neuschnee, weich in aller Felsenschroffheit. Himmel, Fjorde und Atlantik schimmern winterblau. Ständig wechseln Licht- und Farbstimmungen: dunkle Wolkenwände ziehen, weiße Wölkchen treiben oder der Himmel ist durchsichtig klarblau. Die Täler im Inseninneren sind tief verschneit, an den Küstensäumen liegt wenig Schnee. Auch nach kalten Nächten sind an der Küste nur die Süßwassereinströme vereist und die

Steine in den Buchten tragen Eismanschetten. Schwärme von Eiderenten und schwarzweißen Erpeln schwimmen unruhig im Hafenbecken, auf den eisfreien Flächen der Binnenseen gründeln Schwäne. Still stehen die Häuser in der eiskalten, klaren Luft. An windgeschützten Stellen wärmt die Sonne und der Frühling zeigt sich: Schneeglöckchen blühen, Stare sitzen auf den Leitungsdrähten.

Die Lofotfischerei ist in vollem Gange. Auf dem glitzernden Wasser des Vestfjords bewegen sich in der Ferne unzählige Kutter. In der Nähe von Sildpollen, auf dem Austnesfjord, zeigt sich ein besonders reizvolles Bild: Rote, blaue, weiße Kutter schwimmen geschäftig auf dem schwarzblauen Wasser, leuchtend heben sie sich ab. Die steile, dunkle Felswand bildet einen dramatischen Kontrast. In den Fischerdörfern wird hart gearbeitet, der Dorsch bestimmt hier das Leben und prägt das Bild an der Küste. Überall hängt er auf den in Wassernähe stehenden Trockengerüsten in der kalten, bewegten, salzigen und besonders trockenen Luft. Er hängt in kleinen Mengen an Hauswänden, Schuppen, Garagen, unter Vordächern, an Wäschepfählen und natürlich an den roten Wänden der Robuer.

► *Fischereimuseum Sund. – Zu den touristischen Attraktionen der Lofoten gehört auch dieses kleine Museum und die angeschlossene Kunstschmiede, in der schmiedeeiserne Kormorane gefertigt werden.*

◄ *Watt bei Kilan. – Das ausgedehnte Sandwatt am Rande des seichten Flakstadpollen wird überragt von der großartigen Bergkulisse des Mittelmassivs der Flakstadøy mit dem Stortind (866 m).*

▼ *Zwischen Winter und Frühling. – Eiskalt ist es noch im Schatten, doch schon angenehm warm im Sonnenschein. Die Aussicht von den Häusern am Straßenpass der E 10 zwischen Vareid und Napp zeigt im Hintergrund das Mittelmassiv der Flakstadøy mit dem dominanten Stortind (866 m), zu seinen Füßen liegt der Ort Flakstad.*

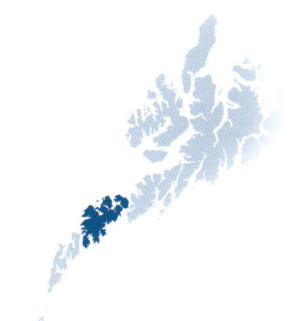

VESTVÅGØY

Im Zentrum der Lofoten

E in Kranz hoher, steiler Bergmassive und markanter Einzelgipfel umrahmt die weite, lang gestreckte Tallandschaft im Inneren von Vestvågøy – ein ungewöhnliches Bild für die Lofoten. Ganz anders als auf den übrigen Inseln liegen hier große, flach-hügelige Areale geschützt im Kern der Insel. Weidende Kühe und zahlreiche verstreut liegende Höfe bestimmen das Bild der lieblich anmutenden Landschaft, die seit jeher als das ertragreichste Landwirtschaftsgebiet der Inselgruppe gilt. Im Süden dieses Hügellandes liegt Leknes, Hauptort von Vestvågøy, der sich in den vergangenen Jahren sehr dynamisch entwickelte und heute mit seinen ausgedehnten Siedlungen die Insel prägt.

Die moderne Hauptgeschäftsstraße von Leknes mit ihren Supermärkten, Banken, Verwaltungsgebäuden und Parkplätzen erinnert sehr an manche raumgreifenden Straßenzüge im ländlichen Nordwesten Amerikas. Sie steht damit im auffallenden Kontrast zum vertrauten Bild der traditionellen Fischerorte an den felsigen Küsten der Insel, so beispielsweise zu dem südlich von Leknes am Burknesfjord gelegenen Ballstad. Dessen malerischer Hafen ist von der Ballstadheia aus gut zu überschauen, einem nur 200 Meter hohen, einfach zu besteigenden Aussichtspunkt, den man vom Endpunkt der Straße erreicht. Die Sicht von diesem südlichsten Zipfel der Insel reicht über Ballstad und Gravdal bis nach Leknes und zu dem von zackigen Gipfeln überragten Fischerort Mortsund am gegenüberliegenden Ufer des Burknesfjords. Den 671 Meter hohen Skottind westlich von Ballstad erklimmt man am besten von Vetting, von der Rückseite der Halbinsel aus. Bei gutem Wetter wird eine überwältigende Rundsicht garantiert, bei der man fast alle Lofotinseln überblickt.

Rechts und links der E 10

Die Fahrt auf der E 10 nach Norden führt durch hügeliges Wiesen- und Weideland mit eingestreuten Kartoffelfeldern, kleinen Seen und Mooren. Hier und da fingern schmale, verlandende Zipfel der Fjorde in die flache Landschaft hinein. Von fern leuchten die Schneefelder auf den Bergmassiven. Kurz vor Borg rückt der auf einem Hügel errichtete ungewöhnliche Neubau des Lofotr-Vikingermuseums ins Blickfeld – willkommene Gelegenheit zu Rast und Besichtigung. Hier wird ein Stück der längst vergangenen Inselgeschichte in besonders anschaulicher Weise vermittelt (siehe auch „Museen am Nordmeer", Seite 136).

Ein Stückchen hinter Borg erklimmt die Straße am Indrepollen einen Bergrücken. Erstmals schiebt sich dichter Birkenwald an die Straße heran und gibt der Landschaft einen völlig anderen Charakter. Nach einer Haarnadelkehre führt die E 10 am Ufer des Steirapollen, eines besonders vogelreichen Strandsees, entlang. Über ihm thront beeindruckend das Bergmassiv der Halbinsel Haveren. Schließlich, kurz vor der Brücke über den schmalen Sundklakkstrom nach Gimsøy, die Aussicht über eine große Bucht mit verlandenden Ufern und Schären zum markanten Zuckerhut des Hoven (368 m), der im Norden als Einzelberg aus den Mooren von Gimsøy ragt.

Wer es – wie so manche Lofot-Touristen – bei dieser Fahrt auf der E 10 über Vestvågøy belässt und die Insel damit „abhakt", wird nur einen sehr flüchtigen Eindruck mit nach Hause nehmen.

Vestvågøys Westen

Weit abseits der E 10, aber längst von den Touristen entdeckt, gibt es im Westen der Insel einige bemerkenswerte, auf schmalen Nebenstrassen erreichbare Ausflugsziele. An der westlichen Außenküste schieben sich, neben einigen so markanten Einzelbergen wie dem Offersøykammen (436 m), zwei auffallende Massive in das Nordmeer hinein. Das südliche Massiv mit dem 964 Meter hohen „Himmelsberg" (Himmeltinden), dem höchs-

▶ *Blick nach Leknes. – Die Aussicht vom 691 Meter hohen Hustind im Nappsgebirge auf Flakstadøy verdeutlicht die besondere Lage der von Bergen eingerahmten Niederung von Leknes, die seit jeher als ertragreichstes Landwirtschaftsgebiet der Lofoten gilt. Vorn rechts die Ortschaft Napp an der E 10, darüber der Nappstrom. Im Hintergrund die Bergrücken an der Ostküste der Vestvågøy, darüber die Berge der Austvågøy – rechts der markante Vågakallen (941 m).*

118

ten Berg der Insel, hat in dem wunderschönen rein weißen Sandstrand am Vikspollen bei Haukland, dem Hauklandssand, eine besondere Attraktion: Er wurde als „schönster Sandstrand Norwegens" ausgewählt. Kein Wunder bei der ihn umgebenden zauberhaften Bergkulisse und den schönen Uferwiesen. An zahlreichen bewachsenen Dünen kann der aufmerksame Beobachter erkennen, dass der Wind früher große Mengen des leichten Kalksandes weit in das Tal hinein- und die steilen Hänge hinaufgeweht hat. Vom Hauklandssand führt ein kaum ansteigender Wanderweg, der alte Fahrweg, längs des Ufers um den steilwandigen Veggen (489 m) herum zu den wenigen Bauernhäusern von Utakleiv. Die neue Straße dorthin verläuft durch einen Tunnel. Utakleiv liegt ebenfalls auf Sand. Seine üppig grünen Wiesen gedeihen auf kalkigem Sandboden. Und vor dem großen Talkessel erstreckt sich auch hier ein breiter Sandstrand mit grasbewachsenen Dünen. Etwas südlich findet man am Ufer gewaltige Gesteinsbrocken auf riesigen Granitplatten. Beim Blick nach Norden beeindruckt in der Ferne das senkrechte, etwa 600 Meter hohe fossile Kliff am Medskolmen.

Unstad

An der Außenküste des nördlichen Massivs sind die Ufer bei Unstad und Eggum besonders sehenswert. Schon die Fahrt auf der schmalen Nebenstraße nach Unstad bietet fantastische Landschaftsbilder – so vom südlichen Massiv und den davor malerisch am Fjord gelegenen Gebäuden von Mærvoll. Die alte Straße nach Unstad ist heute nur noch bis hinauf zum Sattel (Unstadskaret) zu befahren – besser zu erwandern. Der Weg lohnt unbedingt, bietet sich doch von dort eine der ungewöhnlichsten Lofotaussichten – die auf das Tal von Unstad. Das weite Gletschertal, ein „klassisches" Trogtal von vollendeter Form, erinnert an ein gewaltiges Amphitheater mit freier Sicht zum Nordmeer. Mit dem ebenen, grünen Wiesengrund des Tales, der noch die alte Felderteilung erahnen lässt, mit den wenigen kleinen Häusern in Strandnähe und mit den aus dem Flachwasser der Bucht hell leuchtenden Sandflächen erweckt die Szenerie einen ungemein anziehenden Eindruck. Hier fühlt man sich besonders fern vom Alltag. Auch nach Unstad führt inzwischen die neue Straße durch einen Tunnel. Am Ufer gibt es sowohl Sand- als auch Geröllstrand. Auf Letzterem liegen, wie sorgfältig von Menschenhand ausgelesen und dekoriert, die schönsten Gerölle – eiszeitliche Geschiebe, Reste einer ausgewaschenen Endmoräne.

Eggum

Auf schmaler Straße, die an einer Stelle vor wenigen Jahren von einem gewaltigen Bergsturz verschüttet war, erreicht man den äußersten Nordwesten des Bergmassivs. Hier stehen die bunten Häuser des eigenwilligen Ufer-

▲ *Strand vor Utakleiv. – Vor dem sandigen, von hohen Bergwänden eingerahmten Talkessel von Utakleiv liegt ein breiter, stellenweise mit Geröll durchsetzter Sandstrand. Im Hintergrund links Skolmneset und das fast 600 Meter hohe Massiv Medskolmen, dessen seeseitige Hänge einst aktive Kliffs waren.*

◄ *Der Strand von Haukland. – Im Innersten der Bucht Vikspollen an der Westküste der Vestvågøy lockt dieser breite Strand mit seinen herrlichen Uferwiesen. Er zählt zu den schönsten Stränden Norwegens und ist im Hochsommer bei Sonnenschein oft dicht belegt. Im Hintergrund das wolkenverhangene Nappsgebirge auf Flakstadøy, links der leicht zu besteigende Verberg (233 m).*

▼ *Schnecken vom Spülsaum. – An manchen der weißen Sandstrände des Nordmeeres, so auch auf Vestvågøy, hinterlässt die ablaufende Flut einen Spülsaum aus den Schalen zierlicher Schnecken. Hier sind es hauptsächlich Napfschnecken, dunkle Strandschnecken und die schön gezeichneten „Friesenknöpfe" mit ihrem Perlmutt (eigentlich heißen sie „Aschgraue Kreiselschnecke"). Sie wurden zum Fotografieren auf dem Strandsand arrangiert.*

▲ *Blick über Leknes nach Gravdal. – Hier im Süden der Vestvågøy liegt das weiträumigste Siedlungsgebiet der Lofoten. Ringsum von hohen Bergen geschützt, erinnert in dieser lieblichen Landschaft nur wenig daran, dass sie am Nordmeer liegt, 200 Kilometer nördlich vom Polarkreis. Blick nach Südwesten: Der markante Gipfel links ist der Skottind (671 m), ein fantastischer Aussichtsgipfel. Den Hintergrund bilden die Berge von Flakstadøy: das Ostmassiv, überragt vom Stjerntind (914 m) im Mittelmassiv.*

▶ *Bei Mærvoll. – Beeindruckende Szenerie an der Westküste der Vestvågøy mit dem Sjøhus von Mærvoll. Der markante Gipfel ist der Himmelberg (Himmeltindan, 964 m), höchster Berg der Insel.*

dorfes Eggum verstreut auf alten Dünen und gehobenen Strandwällen vor dem gewaltigen Steilhang des einstigen Steilufers. An Eggums östlichem Strand, westlich des kleinen Hafens, gibt es Dünenkliffs und von Klippen durchragte Sandstrände mit unberührten Spülsäumen und interessanten Mustern. Hier und da gedeihen die Strandpflanzen besonders üppig. Westlich des Ortes erstreckt sich ein hügeliges Weidegelände vor dem Gebirge – ein weitläufiger fossiler Strandwall, durch den ein kleines Moor und ein großer Strandsee, der flache Heimredalsvatn, abgeschnürt wurden. Ein ausgedehnter, mit Geschieben dekorativ bedeckter, sanfter Uferhang und Rastplätze auf den Wiesen laden ein zum Verweilen. An der höchsten Stelle des Walles steht ein burgartiges, mit Geröllen verkleidetes Gebäude – eine von Deutschen während des 2. Weltkriegs erbaute Radarstation. Bei den Freunden der Mitternachtssonne ist dieses abgelegene Ufer bei Eggum einer der beliebtesten Plätze zum freien (aber nicht ganz kostenlosen) Campen. Von hier aus führt auch ein schmaler Uferpfad nach Unstad.

Halbinsel Haveren

Als nördlichstes Bergmassiv der Vestvågøy ragt die Halbinsel Haveren, die noch vor etwa 3.000 Jahren eine Insel war, steil aus der Küstenlandschaft. Den Namen erhielt sie von ihrem höchsten Gipfel, dem Haveren (808 m), der von Bø aus auf steilem Pfad zu besteigen ist. Eine schmale, teils nicht asphaltierte Straße umrundet das beeindruckende Massiv. An seiner Westseite wird es von einer ungewöhnlichen, bemerkenswert flachen Uferlandschaft gesäumt. Diese weiträumige Verlandungs-

zone besteht aus Marschwiesen, die oft mit Schären durchsetzt sind, aus mit Steinen unterschiedlichster Größe bestreutem Schlickwatt und aus niedrigen Strandwällen. Hier wird besonders deutlich, wie Meeresboden durch Hebung ganz langsam zu Land wird. Seeseitig geht die auffallend flache Landschaft über in einen Schärengarten, der die ganze Bucht östlich von Eggum ausfüllt. Das Ganze ist ein Eldorado für Wasservögel, besonders für Wildgänse und Schnepfenvögel. Der Vogelfreund kann Graugänse, Rotschenkel und Brachvögel aus nächster Nähe beobachten und manche ornithologische Rarität entdecken.

◄ *Am Strand von Unstad. – Schön gerundet und wie vom Menschen arrangiert liegen die großen Geschiebe als gewaltiger Strandwall vor Unstad. Es sind die Reste der ausgewaschenen Endmoräne jenes Gletschers, der einst das Tal ausschürfte – ein natürlicher Uferschutz.*

▼ *Das Tal von Unstad. – Ein Gletscher formte einst dieses charakteristische Trogtal – heute eine der ungewöhnlichsten Landschaftsansichten der Lofoten. Auf dem durch Landhebung trocken gelaufenen Talgrund liegt eine dicke Schicht aus Kalksand. Sie bildet die Voraussetzung für die ertragreiche Landwirtschaft in dem früher nur sehr schlecht erreichbaren Tal an der Außenküste. Inzwischen gibt es eine neue Straße, die durch einen Tunnel zu den wenigen Häusern von Unstad führt. Das flache Wasser vor Unstad mit seinem sandigen Grund gilt als Geheimtipp für Surfer. In Blickrichtung liegt Grönland.*

Am exponierten Ufer von Kvalnes, an der Nordspitze der Halbinsel, beeindruckt ein aus großen Findlingen bestehender Blockstrand. An der Ostseite der Halbinsel gibt es nur eine schmale Strandflate vor den steilwandigen Bergen. Am verlassenen Hafen von Kvalnes scheint die Zeit seit Jahrzehnten still zu stehen. Hier findet man ein Ensemble alter Fischerhütten auf den Uferwiesen, ein ungewöhnlich großes, längst versandetes Hafenbecken und eine gewaltige Steinmole. Diese begehbare Mauer, aus groben Felsbrocken aufgeschichtet und von hochkant aufgestellten Steinplatten gekrönt, ist fast ein Kunstwerk – aber eben auch ein Relikt aus dem Weltkrieg, das langsam von der Natur erobert wird. Zwischen den Steinen wachsen Moose, Flechten, Mauerpfeffer und Farne.

An der Ostküste
Von Leknes führt der RV 815 zur Ostküste und dort als zweite Straße zur Brücke über den Sundklakkstrom im Nordosten. Somit bietet sich die Möglichkeit für eine eindrucksvolle Rundfahrt über Vestvågøy. Vom sanften Anstieg der Straße nach Osten überblickt man das ausgedehnte Siedlungsgebiet um Leknes. Über die Anhöhe – ein beliebtes Wintersportgebiet am sanften Bergrücken der Steinheia – geht die Fahrt weiter durch schönen Birkenwald mit im Juli und August üppig blühendem Unterwuchs verschiedenartiger Stauden.

Wer etwas mehr Zeit zu Entdeckungen mitbringt, kann von den Abzweigungen nach Süden zu den charaktervollen kleinen Fischerdörfern Ure und Steine am Storfjord gelangen. Der nächste Abzweig führt zum bedeutenden Fischereihafen Stamsund – einem der beiden Häfen auf den Lofoten, in denen die Hurtigrute anlegt. Der östliche Gebirgszug der Insel rückt mit seinen 500 bis 700 Meter hohen Gipfeln und bewaldeten Talhängen besonders dicht an die Küste heran. Hier führt die Straße in vielen Windungen längs der streckenweise bemerkenswert „wilden" Ufer mit zahlreichen vorgelagerten Klippen und Schären, den Geröllfeldern alter Strandwälle sowie riesigen Blockmeeren an den Berghängen. Äußerst fotogen erscheinen die Landschaftsbilder mit der schön gelegenen weißen Holzkirche von Valberg sowie die Sicht über die Schären zum markanten Vågakallen-Massiv bei Henningsvær auf Austvågøy. Wer mag, kann von Strandslett aus auf leichtem Weg übers Gebirge nach Borg wandern.

Gimsøy

Zwischen Vestvågøy und Austvågøy liegt, nur durch zwei schmale Sunde von ihren großen Nachbarinseln getrennt, Gimsøy – mit nur 46 Quadratkilometern die kleinste der größeren Lofotinseln. Vestvågøy und Gimsøy werden getrennt von dem an seiner schmalsten Stelle nur 150 Meter breiten und insgesamt sehr flachen, allmählich verlandenden Sundklakkstrom. Gimsøy zeigt eine markante Zweiteilung: Im Osten liegt ein fast 700 Meter hohes, steilwandiges Bergmassiv; im Westen ein fast gleich großes, weites, flaches Moorgebiet. Aus ihm ragt nur der markante Bergkegel des Hoven (368 m) wie eine Insel heraus. Das Moor-, Seen-, Schären- und Flachwassergebiet der hiesigen Strandflate ist zum großen Teil Naturreservat, ein Vogelschutzgebiet, in dem u. a. Brachvögel, Prachttaucher und Moorschneehühner brüten; im Frühherbst zahlreiche Gänse rasten.

Die Uferzone an der Außenküste im Nordosten von Gimsøy besteht zum großen Teil aus flachen, sandigen Area-

▲ *Leuchtfeuer Neset bei Eggum. – Vor der imposanten Kulisse des Middagsheia-Massivs erstreckt sich nördlich und östlich des Dorfes Eggum ein flacher Schärengarten mit vielen kleinen Sandstränden. Diese abgelegenen Ufer an der Außenküste Vestvågøys sind im Sommer bevorzugtes Ziel vieler Freunde der Mitternachtssonne, die von hier aus besonders gut zu beobachten ist.*

◄ *Bei Bø auf der Halbinsel Haveren. – In der Bucht zwischen dem Bergmassiv der Halbinsel Haveren und dem Massiv des Jellvolltind (im Hintergrund, 746 m) gibt es ausgedehnte Flachwasserzonen mit zahlreichen Schären und Marschen – so wie vorn zu sehen. Dieses Areal ist bevorzugtes Brut- und Rastgebiet für zahlreiche Wasservögel. Blick nach Westen. Hinten rechts, am Rande des Bergmassivs, liegt Eggum.*

▶ *Fließspuren im Strandsand. – Hier und da zeichnet austretendes Quellwasser bei Ebbe so interessante Spuren in den Sand wie hier am östlichen Strand von Eggum.*

len – aus grasbewachsenen Dünen und weiten Sandstränden. Auf dem fruchtbaren Kalksandboden des Küs-
tenstreifens wird bei Sand, Vinje und Saupstad etwas
Landwirtschaft betrieben. Am Tisneset, wenig östlich
von Hovsund, hat man direkt am Meer sogar einen Golf-
platz angelegt, den bisher einzigen auf den Lofoten.
Die Aussicht vom problemlos zu besteigenden Hoven
vermittelt sicher den besten Überblick über die interessante kleine Insel. Sie auf der schmalen Straße zu umrunden, bereichert das Bild der Lofoten. Wer mit seinem
Fahrzeug auf der E 10 unterwegs ist, dem fällt sie vielleicht gar nicht auf, denn zwischen den Brücken über
Sundklakkstrom und Gimsøystrom fährt man nur etwa
fünf Minuten am steilwandigen Südrand von Gimsøy
entlang.

▶ *Im Watt bei Hövnes. – Auf diese völlig flache Landschaft trifft
man an der Außenküste der Halbinsel Haveren, im äußersten
Norden der Vestvågøy. Lägen da nicht die Steine auf dem Schlick,
so gäbe es noch mehr Ähnlichkeit mit Bildern von der deutschen
Wattenmeerküste. Die zahlreichen Steine sind Hinterlassenschaft
des Eises, das einst die bereits vorher vorhandene Abrasionsplatte
formte. Nach jahrtausendelanger Meeresbedeckung verlandet diese
Fläche heute durch fortschreitende Landhebung und ist nur noch
bei Flut teilweise mit Wasser bedeckt.*

▼ *Hafen unweit Kvalnes. – Dieses idyllisch anmutende Gebäudeensemble des verlassenen Hafens mit seiner gewaltigen Steinmole
findet der Tourist nahe Kvalnes, der Nordspitze von Vestvågøy.*

▶ *Strandwall an der Ostküste. – Die Ostküste von Vestvågøy bietet an manchen Stellen besonders „steinige" Uferszenerien: Klippen, Schären, Geröllfelder. Dieser Strandwall aus grobem Geröll lag einst in Meeresspiegelhöhe und wurde von der Brandung geformt. Durch die Landhebung kam er in diese erhöhte Position. Zwischen den Geröllen wuchsen im Laufe von Jahrhunderten dicke Moospolster.*

◀ *Kirche von Valberg. – Die sich an der Ostküste Vestvågøys entlangwindende Straße bietet immer wieder großartige Landschaftsbilder. Hier steht die Kirche von Valberg recht winzig vor den rund 500 Meter hohen Bergen, die mit steilen Hängen zur Küste hin abfallen. Auffallend sind die großen Fächer aus Verwitterungsschutt an vielen dieser Berghänge.*

▼ *Ziegenporträts. – An einigen grasbewachsenen Berghängen auf Vestvågøy grasen kleine Ziegenherden. Der Tourist wird hin und wieder schon vorher auf sie aufmerksam, zieren doch ihre kleinteiligen schwarzen Wegmarkierungen zu den Bergweiden manchmal auch die Straßen. Aus Ziegenmilch entsteht eine norwegische Spezialität: ein brauner, süßlicher Käse, Geitost, den man sogar in den Supermärkten erhält.*

131

◀ *Der Hoven. – Der wie ein gewaltiger Klotz aus der flachen Landschaft emporragende Berg war früher, vor der Landhebung, eine Insel. Heute ist er umgeben von sandigen Hügeln und Mooren, durchragt von felsigen Klippen, den einstigen Schären.*

▶ *Strandfunde. – Muscheln und Schnecken, Seeigel und Kalkalgen – Urlaubssouvenirs besonderer Art, aufgelesen an den Nordmeer-stränden und zum Fotografieren arrangiert.*

▼ *Strandkamille. – Am Hafen von Hovsund auf Gimsøy blüht diese „salzholde" Kamille in großer Üppigkeit. Die einjährige Pflanze liebt nährstoffreiche Ufer und entfaltet, nach schnellem Wachstum, im Juli ihre weiße Pracht – nur wenige Tage lang.*

▶ *Auf Gimsøy. – Die Strandflate der kleinen Insel besitzt zwischen Hov und Sand fruchtbare Wiesen, Weiden und Äcker. Durch die unmittelbare Nähe des stets eisfreien Meeres weicht hier auch der Winter ungewöhnlich früh. In Hintergrund sind die Berge von Austvågøy zu erkennen.*

◀ *Der Hoven. – Als markanter, 368 Meter hoher Einzelberg ragt er aus den weiten Mooren der Gimsøy. Der Schnee schmilzt auf diesem einzeln stehenden „Außenküstenberg" besonders schnell.*

▼ *Am Hafen von Stamsund. – Dieses ungewöhnliche Ensemble von Rorbuer erinnert an die großen Zeiten der Lofotfischerei. Stamsund ist auch heute noch der wichtigste Fischereihafen der Vestvågøy und Anlegestelle der Hurtigrutenschiffe.*

135

An der Küste von Nordland und Troms erwarten eine ganze Reihe von Museen ihre Besucher. Sie sind nicht nur als Schlechtwetterprogramm für die Touristen gedacht. Ihre Ausstellungen unterscheiden sich zwar sehr in Inhalt, Größe und Art der Präsentation, vermitteln aber alle interessante Eindrücke sowie wertvolle Informationen und tragen damit eine Menge bei zum Verständnis von Land und Leuten. Hier eine Auswahl sehenswerter Museen:

Norwegisches Luftfahrtmuseum Bodø

Technikmuseum: riesiges modernes Gebäude mit Ausstellungen zur Zivil- und Militärluftfahrt – von der JU-52 bis zum Starfigther; Flugsimulator

Nordland-Museum Bodø

Kulturhistorisches Museum: Kulturgeschichte der Region Salten, Leben der Fischerbauern; Ausstellungen in einem der ältesten Gebäude des Stadtzentrums; angeschlossen ein Freilichtmuseum mit historischen Gebäuden in der Nähe

Nordlandboot. – Im Lofotmuseum von Storvågan steht das Original eines Nordlandbootes. Die Lofotfischerei wurde hauptsächlich mit solchen kleinen Booten betrieben.

Norwegisches Telekommunikationsmuseum Sørvågen, Moskenesøy

Technikmuseum: kleine Ausstellung „Dorsch, Telegraf und Telefon" zur wichtigen Rolle der Lofoten in der europäischen Geschichte der Telekommunikation

Kriegserinnerungsmuseum Lofoten, Svolvær, Austvågøy

Historisches Museum: Dokumente und Gegenstände aus dem 2. Weltkrieg

Sund Fischereimuseum, Flakstadøy

Heimatmuseum: Bootsschuppen mit Nordlandsbooten, Rorbu-„Raritätenkabinett" mit Hausgerätschaften, Fanggeräte und Werkzeuge der Fischer; Kunstschmiede und Kunstgalerie

LOFOTR – Vikingermuseum Borg, Vestvågøy

Kulturhistorisches Museum und Erlebniszentrum: originalgetreue Rekonstruktion des hier in Borg ausgegrabenen größten Hauses aus der Vikingerzeit (83 m langer Häuptlingshof); zahlreiche Aktivitäten

LOFOTR Vikingermuseum in Borg. – Auf einem Hügel über dem Besucherzentrum steht der Nachbau eines 83 Meter langen Häuptlingshofes aus der Vikingerzeit.

Hurtigruten-Museum Stokmarknes, Hadseløy

Technikmuseum: alles über die Hurtigrute in einem modernen Neubau – im „Geburtsort" dieser besonderen Schifffahrtslinie; gelungene Ausstellungsgestaltung; Hurtigruten-Museumsschiff „Finnmarken"

Polar- und Fischereimuseum Andenes, Andøy

Interessantes Sammelsurium: Naturkunde – Vögel, Gesteine und Fossilien von Andøy und Svalbard; Bergbau auf Svalbard; Polarforschung, Fischerei, Jagd; Leuchtturmbesteigung

Nord-Troms Museum Sørkjosen, Nord-Troms

Heimatmuseum: Zeugnisse der Kultur der drei Volksstämme, die hier aufeinander treffen – Samen, Finnen, Norweger

Heilbuttmuseum Skrolsvik, Senja
Fischereimuseum: Dokumente der legendären Heilbuttfänge vor dem Fischerdorf Skrolsvik, Fanggeräte, traditionelle Fischverarbeitung; historischer Laden

Norwegisches Fischerdorfmuseum und Lofoten Stockfischmuseum Å, Moskenesøy
Fischereimuseum: Rundgang durch ein historisches Fischerdorf mit Haus des „Dorfkönigs", Wohngebäude der Fischer, Bootsschuppen mit vielfältigen Fischereigeräten, Trankocherei, verschiedene Rorbu, Gebetshaus, Laden, Schmiede, Bäckerei, Fischhalle;
Stockfischmuseum: alles über die Herstellung dieser besonderen „Fischkonserven", Geräte, Arbeitsgänge und Stockfischhandel; gut gemachter Videofilm

Lofotmuseum Storvågan, Kabelvåg, Austvågøy
Heimatmuseum: Museum auf dem Hof des „Dorfkönigs" (Besitzer des Fischerdorfes); Ausstellungen zur Fischerei und Geschichte von Storvågan

Laden im Heilbuttmuseum Skrolsvik. – Viele solcher originellen Kramläden blieben in den Dörfern erhalten. In ihnen fanden die Fischer und ihre Familien alles, was sie brauchten.

Stockfischmuseum Å. – In diesem Gebäude sieht und erfährt man wirklich alles zum Thema Stockfisch.

Lofotmuseum Storvågan. – Der für die früheren Verhältnisse auf den Lofoten sehr stattliche Gebäudekomplex gehörte einst dem „Dorfkönig", dem Dorfbesitzer. Heute wird er insgesamt als Museum genutzt.

Lofotfischer. – Dieses Foto aus dem Lofotmuseum in Storvågan zeigt einen Lotfotfischer Ende des 19. Jahrhunderts mit seinem Stellnetz. Es lässt etwas ahnen von der extrem harten Arbeit, welche diese Männer verrichten mussten.

▲ *Frühlingsblick auf Vestvågøy. – Südlich von Leknes führt eine*
▶ *Nebenstraße von Ramsvika nach Sennesvika. Von ihrem Pass*
überschaut man die Landschaft im Westen der Insel mit dem
buchtenreichen Buksnesfjord im Vordergrund sowie Nappsgebirge
(links) und Offersøykammen im Hintergrund. Die Ortschaft
links hinten ist Gravdal; rechts liegt Leknes.

◀ *Fischerbauernhaus. – Nur wenige der traditionellen Gehöfte sind*
samt der zugehörigen Nebengebäude so unverfälscht erhalten wie
dieses bei Sennesvika – heute ein Museumshof.

139

▶ *Nördlich von Leknes. – In der weiten Ebene im Inneren der*
Vestvågøy liegen viele Seen, die im Frühling nur langsam auftauen.
Singschwäne und Enten, die einige Wochen später hier brüten
werden, haben sich bereits an einem schon eisfreien Rand einge-
funden. Im Hintergrund Nappsgebirge, davor Offersøykammen.

▲ *Rorbuer Mortsund. – Ganz im traditionellen Stil wurden diese Rorbuer in der beeindruckenden Felslandschaft bei Mortsund, südlich von Leknes, neu errichtet Der Blick nach Westen zeigt den höchsten Berg der Vestvågøy, Himmeltindan (931 m).*

◄ *Blick nach Austvågøy. – Der breite Meeresarm Henningsvær-straumen zwischen Vestvågøy und Austvågøy verengt sich weiter links zum Gimsøystraumen. Gegenüber liegen die verschneiten Berge an der Westküste von Austvågøy bei Lyngværet.*

► *Morgenrot. – Ein so dramatisches Licht- und Farbenspiel am Morgenhimmel kündigt auch auf den Lofoten heranziehendes Schlechtwetter an.*

Seite 143:
    Gimsøystrombrücke. – Die Meerenge zwischen Gimsøy und Austvågøy, Gimsøystraumen, wird an ihrer schmalsten Stelle von dieser 800 Meter langen Brücke überspannt. Oft ist hier ein reißender Gezeitenstrom zu beobachten.

LOFOTAQUARIUM

Wer am Ufer steht, wünscht sich oft einen Blick ins Meer hinein. Wie mag es einige Meter unter Wasser aussehen? Jeder, der ins Meer taucht, ist erstaunt über die Vielfalt des Lebens am Meeresboden und im Freiwasser. Doch nur wenigen ist das Tauchen möglich. Bleiben also Aquarien – die versprechen einen Blick ins Meer.

Das einzige große Meeresaquarium nördlich vom Polarkreis ist das Lofotaquarium in Kabelvåg auf Austvågøy. Es besitzt eine vergleichsweise lange Tradition, denn es wurde bereits 1931 gegründet. Das heutige Lofotaquarium, ein moderner Neubau, wurde 1989 eröffnet und zeigt eine originelle Architektur. Wie die Rorbuer steht das großflächig verglaste Gebäude zu einem Teil auf Stützen im Wasser, zum anderen auf den Uferfelsen.

Heute geben hier 23 unterschiedlich große Aquarien einen guten Eindruck von der Vielfalt der Meerestiere, die im Nordmeer leben. Das Lofotaquarium ist kein herkömmliches Sea-Live-Center, sondern eine Einrichtung mit wissenschaftlichem Anspruch. Entsprechend groß ist die Anzahl der gezeigten Arten. Man findet Tiere der verschiedensten Lebensräume – von den flachen Uferzonen bis zum Tiefwasser. Das sind natürlich in erster Linie zahlreiche Fischarten. So kann man u. a. riesige Kattfische und Meeraale, Rochen und Haie, Schellfische und Wittlinge, Lachse und Makrelen, prächtige Exemplare von Heilbutt und Flunder, Seeskorpione und Knurrhähne bewundern.

In den kleineren Becken entdeckt man verschiedene Blumentiere, Hummer und Krabben, Seesterne und Seeigel, Nacktschnecken, Einsiedlerkrebse, Schwämme, Algen … Genaues Hinsehen lohnt unbedingt.

In einem Nebengebäude ist das Großfischaquarium untergebracht, in dem vor allen Dingen zahlreiche große Dorsche und Seelachse schwimmen. Besonders viele Besucher stehen vor der Robbenanlage und dem Becken mit Seeottern im Freigelände. Auch eine Fischzuchtanlage kann man aus nächster Nähe betrachten.

Im großen Zentralraum gibt es mehrmals täglich sehenswerte Multivisions-Darbietungen – eine zur Natur und Landschaft der Lofoten, eine andere zur Lofotfischerei.

Impressionen aus dem Lofotaquarium. – Der 1989 eröffnete Neubau, Dorsche im Großfisch-Aquarium und Kegelrobbe im Sealarium.

142

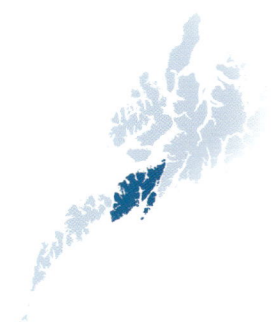

AUSTVÅGØY

Die größte der Lofoten

Mit einer Fläche von 526 Quadratkilometern übertrifft die im Nordosten der Lofoten gelegene Austvågøy an Größe alle anderen Inseln des Archipels. Sie ist auch die Insel der härtesten Landschaftskontraste: Während an ihrer Binnenseite um Svolvær und Kabelvåg das wirtschaftlich wichtigste Siedlungsgebiet der Lofoten liegt, zeigt sich die große Osthalbinsel mit dem höchsten und dramatischsten Bergmassiv der Inselgruppe so gut wie unbewohnt. An der Nordküste von Austvågøy grasen Kühe auf saftigen Weiden. Im Osten stürzen tausend Meter hohe Berge fast senkrecht in den Raftsund.

Hat man auf der E 10 den markanten Bogen der Brücke über den Gimsøystrom überquert, zweigt eine schmale Straße nach Norden ab und führt am Strom entlang zum Fischerdorf Brenna. Hier ist nichts zu spüren von der Betriebsamkeit auf der belebten Ostseite der Insel. Schöne Uferwiesen laden ein zum freien Campen und zum ungestörten Erleben der Mitternachtssonne. Der schmale Uferweg führt weiter zum Sunnlandsfjord – immer mit einem Blick hinüber zum ausgedehnten Schärengarten von Laukvik. Landeinwärts, nach Süden hin, bestimmen weitläufige, kaum begangene Bergmassive und mit dichtem Birkenwald bestandene Täler das Landschaftsbild.

Henningsvær

Bleibt man auf der Hauptstraße, so trifft man in der Rørvik auf den – bei passablem Sommerwetter – immer am dichtesten belegten Sandstrand der Lofoten. Von hier führt auch die von den meisten Lofot-Touristen einmal befahrene Nebenstraße nach Henningsvær. Der idyllische Fischerort liegt auf einigen durch Brücken und Dämme miteinander verbundenen Schären vor der Küste und ist weit bekannt durch seine besonders schöne Hafenansicht. Das lang gestreckte Hafenbecken wird gesäumt von einem malerischen Ensemble hölzerner Lagerhäuser. Davor liegen dekorativ die Fischerboote. Mit dem markanten, fast tausend Meter hohen Massiv des Vågakallen als beeindruckenden Hintergrund bildet der Hafen ein so harmonisches Ganzes, dass die meisten Besucher hier gern verweilen. Wer Henningsvær in der Saison in aller Ruhe genießen möchte, dem sei der frühe Morgen empfohlen.

Svolvær und Kabelvåg

Wieder ist es eine Bergwanderung, welche die beste Übersicht bietet – der steile Weg hinauf zum 370 Meter hohen Tjeldbergtind, von dem man das Siedlungsgebiet von Svolvær und Kabelvåg so gut überblickt wie wohl von keiner anderen Stelle. Beide Ortschaften mit ihren geschützten Naturhäfen sind auf zahlreichen Landvorsprüngen und Schären gebaut. Die geschichtsträchtige Ortschaft Kabelvåg (Kirchbucht) und das viel jüngere, dynamische Svolvær, noch heute die einzige Stadt auf den Lofoten, liegen nur zwei Kilometer voneinander entfernt. Kabelvåg, mit viel Grün durchsetzt, wirkt eher ruhig-beschaulich. Mit Lofotmuseum und Lofotaquarium verfügt der Ort über zwei besondere Sehenswürdigkeiten. Der städtische Charakter von Svolvær mit seinen Industrie- und Verwaltungsgebäuden wird verstärkt durch ausgedehnte Hafenanlagen. Im geschützten Hafen legen auch die Schiffe der Hurtigrute, die Fähren von Skutvik und die Schnellboote von Narvik an. Ein steilwandiges, hohes Bergmassiv überragt die Stadt im Nordosten. An seinem Hang steht ein markanter Fels: Svolværgeita – die Svolværziege. Ihre „Hörner", ein auffallender Doppelgipfel (von der Stadt aus gut zu erkennen), wirkten wie ein Magnet auf Bergsteiger, denen die Lofoten auch viele andere attraktive Klettergipfel bieten.

▶ *Das Trolltind-Massiv auf Austvågøy. – Der 1.036 Meter hohe Trolltind (rechts) beherrscht im Bergmassiv südlich vom Trollfjord die großartige Szenerie am Raftsund. Dieses Bild des östlichen Gebirges ist ungewöhnlich: Im extrem warmen Sommer des Jahres 2003 sind die normalerweise wesentlich größeren Schneefelder bis auf winzige Reste geschmolzen.*

Raftsund und Trollfjord

Der Hafen von Svolvær ist der beste Ausgangspunkt für die beliebten Schiffsausflüge zum Trollfjord, der zu den bekanntesten Sehenswürdigkeiten der Lofoten zählt. Schnelle Ausflugsboote bringen die Touristen in ungefähr einstündiger Fahrt durch den nach Norden immer enger werdenden Raftsund dorthin – vorbei an großartigen Gebirgskulissen, waldbedeckten Berghängen und kleinen Inseln mit weißen Sandstränden. Die kaum hundert Meter breite Einfahrt des Trollfjords liegt so versteckt, dass man sie erst entdeckt, wenn sich das Schiff unmittelbar davor befindet. Beängstigend dicht stürzen die senkrechten, glatt geschliffen Wände in den Fjord. An vielen Stellen rinnen kleine Wasserfälle über das nass glänzende Gestein.

Im Inneren weitet sich der etwa zweieinhalb Kilometer lange Fjord kesselartig und gibt den Blick frei auf einen Kranz schneebedeckter Gipfel. Auch sehr große Schiffe wie die der Hurtigrute schieben sich langsam in den Fjord hinein und wenden in seiner Weitung. Manche Ausflugsboote legen hier sogar an. Dann besteht die Gelegenheit, hinauf zum lang gestreckten Trollfjordsee zu wandern, in dem sich die großartige Berglandschaft spiegelt.

Im gewaltigen, von kleinen Gletschern bedeckten Trolltindmassiv liegt auch der Higravstind (1.146 m), der höchste Gipfel der Lofoten. Die schönste Aussicht auf diese imposante Szenerie der „Ostwand" von Austvågøy bietet sich zweifellos von den Bergen Hinnøyas – vom

▲ *Svolvaer. – Die einzige Stadt auf den Lofoten besitzt auch den wichtigsten Hafen, in dem auch Fähren und die Schiffe der Hurtigrute anlegen. An dieser Stelle des Hafens starten die Bootsausflüge zum Trollfjord, der von hier nach etwa einstündiger Fahrt erreicht wird.*

◄ *Skrova. – Vor der Insel mit dem traditionsreichen Fischerhafen liegt diese malerische Leuchtturmschäre. In der Ferne, unter der Wolkendecke, erscheint dunkel das Gebirge von Austvågøy. Es gehört zur „Lofotwand", die dem anreisenden Urlauber an manchen Tagen einen recht düster-drohenden ersten Eindruck der Inseln vermittelt.*

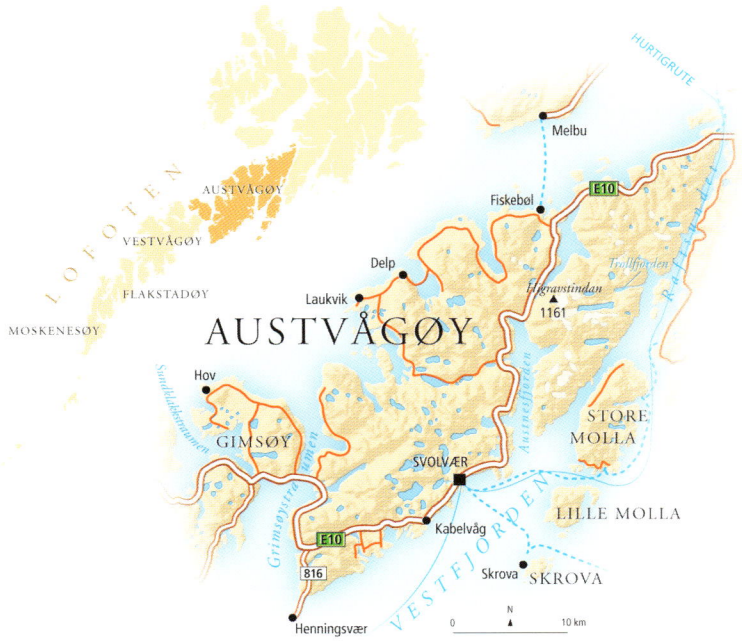

östlichen Ufer des Raftsundes. Dorthin gelangt man heute bequem mit dem Auto. Kurz vor dem Fährhafen Fiskebøl zweigt eine neue Straße von der E 10 ab und führt, teilweise durch Tunnel, längs der Nordküste von Austvågøy – das erste, bereits fertige Teilstück der geplanten „Lofast", eines landfesten Verkehrsweges zu den Lofoten. Er soll einst die Bergwelt von Hinnøy queren und am nördlichsten Ende des Raftsundes, an seiner schmalsten Stelle, auf die Brücke hinüber nach Austvågøy treffen. Diese bereits fertig gestellte Raftsundbrücke verbindet schon jetzt beide Inseln.

Skrova

Etwa zehn Kilometer südöstlich von Svolvær erhebt sich die fast fünf Quadratkilometer große Insel Skrova mit ihrer vorgelagerten Leuchtturmschäre aus dem Westfjord. Sie bildet die südlichste einer Reihe bergiger Inseln, die sich mit Litlmolla und Stormolla in Richtung zum Raftsund erstreckt. Der kleine Hafen von Skrova war früher einer der wichtigsten Fischerplätze auf den Lofoten, von dem aus lange Zeit auch Walfang betrieben wurde. Die exponierte Position weit draußen vor der Küste hat gute Gründe, liegt doch die Insel ganz in der Nähe der besten Fanggründe. Heute vermitteln die Hafenanlagen eher den Eindruck eines technischen Denkmals, denn längst sind die Fische knapp und der Walfang verboten. Die Fähre von Skutvik läuft auch Skrovas Hafen an, bevor sie auf die Bergmassive der „Lofotwand" zusteuert und nach halbstündiger Fahrt Svolvær erreicht.

Zwischen Svolvær und Fiskebøl

Austnesfjord und Higravsfjord schieben sich von Süden bzw. von Norden her so weit gegeneinander, dass sie die Austvågøy fast zerteilen. Längs ihrer Westufer führt die E 10 von Svolvær zum Fähranleger Fiskebøl beständig durch großartige Landschaft. Von vielen Punkten bietet sich ein beeindruckender Blick über die Fjorde, in denen sich die schneebedeckten Gipfel des Ostmassivs spiegeln. Eine der am meisten fotografierten Lofotansichten dürfte die kleine Kirche von Sildpollen sein, die äußerst malerisch auf einer kleinen Halbinsel im Austnesfjord liegt. Wenig nördlich davon zweigt eine schmale Nebenstraße nach Westen ab, die den Nordteil von Austvågøy umrundet und besondere Naturerlebnisse verspricht.

▶ *Henningsvær. – Der malerische Fischerhafen zwischen den bebauten Schären zählt zu den beliebtesten Ausflugszielen der Touristen auf den Lofoten. Die markante Kulisse des Vågakallen-Massivs bildet den beeindruckenden Hintergrund des hier sommerlich stillen Hafens. Während der Fangsaison im Winter geht es dagegen an dieser Stelle äußerst betriebsam zu.*

Außenküste im Nordwesten

Ausgedehnte Birkenwälder und zahlreiche Seen liegen im einzigen Tal, in dem man das Inselgebirge – fast auf Meeresspiegelhöhe – von Ost nach West durchqueren kann. Bald weitet sich der Blick auf eine hügelige Uferlandschaft, durchzogen von verlandenden Meeresarmen. Der Vatnfjord bei Sandsletta bietet eine bemerkenswerte Eigenart: Er enthält, trotz seiner schmalen Verbindung zum Meer, Brackwasser. Deshalb beherbergt er nur eine artenarme Lebewelt – ganz ähnlich wie die der Ostsee. Man erkennt es am spärlichen Angespül: nur kleine Herzmuscheln und Blasentang ... Von Sandsletta aus gelangt man auf einem längeren Wanderweg übers Gebirge nach Svolvær.

Um die Ortschaften Straumnes und Laukvik an der Außenküste liegt flaches Land – teils landwirtschaftlich genutzt, teils unberührte Moorlandschaft. Südlich erstreckt sich ein reich gegliederter Schärengarten. Von Delp führt, nach sehr steilem Aufstieg, ein wunderschöner Kammweg über Delpen (374 m), Storskardet (529 m) und Matmora (788 m). Er bietet beeindruckende Aussichten auf die Inselgebirge der Austvågøy, hinüber zu den Vesterålen, hinab auf die von einer Strandflate gesäumte Küste und hinunter zum Grunnførfjord, aus dessen flachem Wasser ausgedehnte Sandbänke leuchten und den die Uferstraße auf einem langen Damm quert.

Bewachsene sandige Strandwälle bestimmen auch das Bild des Ufersaums der Halbinsel zwischen Grunnfør-fjord und Morfjord. Kühe grasen auf den saftigen Weiden von Grunnfør und Sanden. In den Gärten lässt der kalkige Sandboden u. a. Möhren beachtlicher Größe gedeihen – mehr als 200 Kilometer nördlich vom Polarkreis. Bei Sommarhus gibt es nicht nur schöne Sandstrände, sondern – etwas landeinwärts – ein ausgedehntes Areal von Weißdünen, das weitaus größte im ganzen Nordland. Etwa 15 Kilometer weiter trifft die wenig befahrene, teilweise nicht asphaltierte Nebenstraße auf den Fähranleger von Fiskebøl, an dem für die meisten Touristen die Reise über die Lofoten endet – oder beginnt.

◄ *Am Raftsund. – Der Blick von Hinnøy über den Raftsund nach Austvågøy zeigt das hohe östliche Gebirgsmassiv der Insel. Die senkrechte Felswand links, im unteren Teil des Massivs, markiert die Lage des versteckt gelegenen Trollfjords. Die winzige Einbuchtung am Ufer, etwas rechts davon, ist seine Einfahrt.*

▼ *Im Trollfjord. – Der etwa zweieinhalb Kilometer lange, tiefe Fjord ist an seiner schmalsten Stelle nur etwa hundert Meter breit. Dort stürzen hohe, vom Eis geschliffene Felswände senkrecht ins Wasser. Da er sich im inneren Teil weitet, können selbst größere Schiffe – so auch die der Hurtigrute – in den Trollfjord einfahren und dort wenden.*

151

▲ *Sildpollneset. – Auf dem kleinen Landvorsprung am Sildpollen steht dieses malerische Kirchlein – mit Sicherheit eines der am meisten fotografierten Motive auf den Lofoten. Der Name des Gewässers erinnert an jene Zeiten, in denen der Hering (Sild) gerade hier, im inneren Teil des Austnesfjords, in riesigen Mengen gefangen wurde.*

◄ *Am Austnesfjord. – Im stillen, flachen Wasser vor dem Westufer des Fjords spiegeln sich die Gipfel und Schneefelder des Ostgebirges von Austvågøy um den Langstrandtind.*

▶ *Abend bei Sandsletta. – Das besondere Licht des Nordens verzaubert die abendliche Landschaft am Vatnfjord im Westen der Austvågøy. Das stille Gewässer ist weder Meer noch Binnensee, sondern charakteristisches Brackwasser mit reduziertem Salzgehalt und geringerem Tidenhub.*

154

◄ *Blick zum Breitind. – Der Wanderweg von Delp zur Matmora bietet viele großartige Aussichten wie diese nach Osten über den Grunnførfjord zum Breitind (rechts, 818 m). Der breite Talgletscher, der einst den Fjord ausschürfte, besaß mehrere Wurzeln.*

▼ *Grunnførfjord. – Der breite, aber ganz flache Fjord zeigt in seinem äußeren Teil weite Sandbänke, die bei Ebbe trocken fallen. Teile seiner Mündung sind durch die Landhebung bereits verlandet. Dabei entstand die ausgedehnte, sandige Strandebene von Grunnfør. Der dunkle Schatten im unteren Teil des Bildes rührt her von den Bergen und zeichnet deren Gipfel nach. Im Hintergrund die Hadseløy.*

▶ *Am Delpen. – Der felsige Berghang an der Nordwestküste von Austvågøy besitzt den typischen Bewuchs solcher Hänge: Birken, Ebereschen, Wacholderbüsche und Zwergsträucher. Im Spätsommer leuchten überall die roten Beeren des Schwedischen Hartriegels. Hat der Wanderer den kurzen, steilen Anstieg zum Delpen (374 m) hinter sich, führt der schmale Pfad über leicht ansteigendes Gelände zur Matmora (788 m).*

▼ *Dünen bei Sommarhus. – Am Rande des Morfjords gibt es wohl den meisten Sand auf Austvågøy. Das einzige Dünenareal der Lofoten bei Sommarhus wird durch Stürme immer wieder umgeformt, so dass die ausgedehnten Weißdünen nur langsam bewachsen. Vor der dramatischen Bergkulisse des Stauren (778 m) wirken die Dünen besonders exotisch.*

155

▶ *Fähranleger in Fiskebøl. – Zehn Abfahrten pro Tag bietet die Fährlinie von Fiskebøl nach Melbu auf Hadseløy. Die halbstündige, meist sehr ruhige Fahrt zwischen den Inseln ist die kürzeste Schiffsverbindung zu den Lofoten – allerdings auch die mit dem weitaus längsten Anfahrtsweg vorher.*

◀ *Bei Sanden. – Auf der breiten, fruchtbaren Strandflate im Norden von Austvågøy erinnert im Sommer nur wenig an ihre geografische Lage mehr als 200 Kilometer nördlich vom Polarkreis. Die schneebedeckten Gipfel im Hintergrund (das Møysalen-Massiv auf Hinnøy) könnten genauso gut irgendwo in den Alpen liegen.*

▼ *Bei Straumnes. – Auf der breiten Strandflate im Westen von Austvågøy liegen hinter den vom Menschen kultivierten Wiesen, Weiden und Wäldchen noch weite, ursprüngliche Moorgebiete – Straumnesmyran und Laukvikmyran – und ein Schärengarten. Die Berge im Hintergrund gehören zu Austvågøy (links), Gimsøy und Vestvågøy (rechts).*

Folgende Seiten:
Blick zum Møysalen. – Von der neuen Straße zur Raftsundbrücke hat man immer wieder einen schönen Blick zum höchsten Berg der gesamten Inselwelt – zum 1.262 Meter hohen Møysalen auf Hinnøy, dessen markanter abgeflachter Gipfel kaum zu verwechseln ist.

157

WÄLDER AN DER NORDMEERKÜSTE

Zu den ungewöhnlichen Naturerscheinungen der Nordmeerküsten zählen auch ihre Laubwälder. Durch das ausgesprochen milde Klima begünstigt, gedeihen hier arktische Birkenwälder. Sie erstrecken sich als breiter Streifen längs der Nordmeerküste bis ans Nördliche Eismeer. In ihnen dominiert eine niedrige Birke, eine Verwandte der Moorbirke. Stellenweise wachsen auch Weiden, Espen, Erlen und Ebereschen. Diese Laubbäume bilden in vielen Gebieten dichte, manchmal sogar undurchdringliche Wälder. Besonders prächtig gedeihen sie in geschützten, feuchten Tälern. Durch die lange Sonnenscheindauer im Sommer herrschen in den Wäldern oft hohe Temperaturen und eine beachtliche Luftfeuchtigkeit. Deshalb werden diese Laubwälder manchmal treffend als „Treibhäuser der Mitternachtssonne" bezeichnet. Die Birken treiben hier im Frühsommer nicht nur besonders rasch aus, sondern zeigen auch einen üppigen Unterwuchs. Der Wanderer auf schmalem Waldpfad trifft auf ausgedehnte Farndickichte mit meterhohen Exemplaren von Straußfarn, auf über mannshohen Alpen-Milchlattich, blühende Trollblumen und Eisenhut – und kann leicht ins Schwitzen geraten. Er bemerkt auch, dass die Birken stark duften. In trocke-

neren Arealen, so an felsigen Berghängen, ist der Baumbestand lockerer. Oft trifft man auf uralte, krüppelige Birken. Zwergsträucher, Gräser und Schwedischer Hartriegel bedecken den Waldboden, gelegentlich auch das zarte Moosglöckchen. Im Spätsommer gibt es in solchen Wäldern die meisten Pilze.

In einigen Küstenabschnitten, besonders auf den südlichen Lofoten, sind die einst vorhandenen Birkenwälder durch den früher teilweise extremen Holzbedarf des Menschen stark dezimiert oder ganz verschwunden. Wie in anderen Gebieten der Erde sorgten nach dem Holzeinschlag die Schafe und Ziegen dafür, dass kein neuer Wald wachsen konnte. Heute beginnt sich der „Lofotwald" langsam zu erholen, denn die Nutzung beschränkt sich meist auf die Entnahme von Kaminholz.

Nur an wenigen Stellen rücken boreale Nadelwälder (die Taiga) mit ihren Kiefern von den Gebirgen gegen das Meer vor. Die im Landschaftsbild der Küste an vielen Stellen auffallenden kleinen, dichten, dunkelgrünen Nadelwälder mit kerzengerade gewachsenen Fichten sind stets Plantagen. Die Heimat dieser angepflanzten Bäume ist Nordamerika.

▶ *Pilzwald.* – Während die feuchten Birkenwälder oft undurchdringliche Dickichte bilden, wachsen die Birken auf trockeneren Standorten meist weniger dicht. Hier ist der Waldboden rasenartig bedeckt mit Schwedischem Hartriegel, aus dem die Rotkappen hervorleuchten.

◀ *Hangwald.* – Am steilen Berghang über Delp auf Austvågøy wächst, so wie an vielen anderen felsigen Berghängen der Nordmeerküste, ein lockerer Birkenwald, in dem man auch Ebereschen und Weiden findet.

▼ *Hudewald.* – Schafe haben sich an den Stämmen dieser Birken gescheuert und sie dabei poliert. Viele der Birkenwälder – so auch dieser – wurden gelichtet, um bessere Weide für das Vieh zu schaffen.

▼ *Farndickicht im Birkenwald.* – Am nassen Boden arktischer Birkenwälder grünt es oft so üppig, dass man gut versteht, warum man sie gern als „Treibhäuser der Arktis" bezeichnet. Das hohe Farnkraut wird noch überragt vom Alpen-Milchlattich mit seinen blauvioletten Blüten (im Vordergrund).

AUF DEM WASSER

So mancher möchte hier sein eigener Kapitän sein. Denn die Fjorde und Sunde, die Gewässer zwischen den Inseln laden ein zur Erkundung. Manche Touristen bringen dafür ihr eigenes Boot mit. Natürlich tut es auch das geliehene Angelboot, das man an vielen Stellen angeboten bekommt – mit und ohne Motor. Sogar Kajaks lassen sich hier und da ausleihen. Es gibt Angebote für organisierte Touren mit dem Meereskajak. Und natürlich kann man – so es der Geldbeutel erlaubt – in einigen Hafenorten auch Segel- und Motorjachten unterschiedlichster Größe und Preisklasse chartern. Einen Liegeplatz dafür findet man in den meisten der zahlreichen kleinen Häfen.

Viele Sommertage bieten am Nordmeer ruhiges, ja manchmal sogar spiegelglattes Wasser. Dann ist der Weg frei, um selbst mit einem kleinen Boot auch in die entlegensten Zipfel der Gewässer oder auf einsame Schären zu gelangen. Die Möglichkeiten für Entdeckungen vom Wasser aus sind äußerst vielfältig.

Wer sich lieber fahren lässt, der findet in den Tourist-Informationen neben den Hinweisen auf Bootstouren mit kleinen schnellen Ausflugsbooten oder mit seetüchtigen Schlauchbooten auch solche auf Segeltouren mit einem der originellen Nordlandsboote bzw. anderen Traditionsseglern.

Manche der flachen, sandigen Buchten an der Außenküste der Lofoten, besonders die vor Unstad auf Vestvågøy, gelten bei Surfern als „Geheimtipp".

◄ *Auf Svinøy. – Die Svolvær vorgelagerte kleine Insel gilt als ältester bewohnter Teil des Ortes. Am Bergmassiv im Hintergrund ist die Felsformation „Svolværziege" (Svolværgeita) zu erkennen.*

▼ *Bootshafen in Vinje auf Langøy. – Solche Bootshäfen findet man überall im Nordland. Dort werden auch Boote verliehen. Einheimische haben aus der Tradition heraus ihr eigenes Boot und verwenden es zum Fischen für den Eigenbedarf.*

▲ *Marina in Svolvær auf Austvågøy. – Luxusjachten liegen neben kleinen Fischkuttern und Angelkähnen – ein alltägliches Bild in den Häfen am Nordmeer.*

◄ *Kajakfahren in fantastischer Landschaft bei Kabelvåg auf Austvågøy. – An einigen Stellen auf den Lofoten und Vesterålen kann man Kajaks und die komplette Ausrüstung dazu mieten.*

▶ *Am Austnesfjord. – Die kleine Fischerkapelle auf der schon schneefreien Halbinsel Sildpollneset liegt im innersten Teil des Austnesfjords, der selbst in strengen Wintern niemals vereist.*

◀ *Spätwinter. – Während an vielen anderen Stellen der Lofoten der Frühling längst Einzug hielt, herrscht in manchen Gebirgen und Tälern noch tiefster Winter. Dieser Blick vom Lakselvatal nach Osten zeigt im Hintergrund das verschneite Trolltindmassiv.*

▼ *In Svolvær. – Die größte Stadt der Lofoten ist auch heute ein wichtiger Fischereihafen, in dem es aber kaum noch Platz zum Fischtrocknen gibt. Daher stehen hier noch immer die traditionellen, dachförmigen Trockengerüste, auf denen besonders viele Fische auf kleinstem Raum getrocknet werden können.*

165

DIE VESTERÅLEN

HADSELØY

LANGØY

ANDØY

HINNØY

Watt an der Skogvollbucht auf Andøy. – Bei Ebbe läuft hier, südlich von Stave, ein breites Watt trocken – der noch nicht landfest gewordene Teil der Strandflate. Der Kontrast zwischen solchen ebenen Arealen und steilwandigen Bergmassiven ist auf den Vesterålen besonders ausgeprägt.

HADSELØY

Kern der Inselwelt

Die kleinste der vier Vesterålen zeigt in ihrer Landschaft auffällige Unterschiede zu den benachbarten Inseln: Auf Hadseløy fehlen die schroffen Bergmassive ebenso wie die tief eingreifenden Fjorde. Daher besitzt die nur 102 Quadratkilometer große Insel einen vergleichsweise einfachen, rundlichen Grundriss ohne bemerkenswerte Buchten oder Halbinseln. Hadseløy wirkt inmitten der bizarren Inselgrundrisse ihrer Nachbarn wie ein fester Kern im Zentrum des Archipels.

Für viele Nordlandreisende beginnt – nach der knapp halbstündigen Überfahrt von Fiskebøl – am Fähranleger von Melbu die Entdeckung der Vesterålen. Eigentlich benötigt man nur eine knappe halbe Stunde, um von hier aus auf der am Ostufer von Hadseløy verlaufenden E 10 bequem zur Hadselbrücke zu gelangen und hinüber nach Langøy. Doch das in dieser grandiosen Inselwelt so wenig dramatisch erscheinende Eiland ist einfach zu schön, um es links liegen zu lassen. Das merkt man spätestens dann, wenn sich bei einer Wanderung auf die Inselberge der Blick weitet.

Wanderinsel

Hadseløy gilt als ideal für ausgedehnte Waldspaziergänge und leichte Bergwanderungen. Sowohl von Melbu als auch von Stokmarknes führen mehrere schöne Wanderwege hinauf auf die rundlichen Inselberge. So gelangt man ohne große Anstrengungen hinauf zur 387 Meter hohen Ørnheia mit ihren Gipfelsteinmännern. Hier trifft man hauptsächlich auf Einheimische, welche die Vorzüge der guten Begehbarkeit ihrer Insel durchaus zu schätzen wissen. Und auch sie genießen natürlich die großartige Aussicht, die sich von allen Bergrücken aus bietet, besonders aber von Storheia (504 m), dem Berg mit dem gewaltigen Antennenmast: Im Süden die großartige Alpenlandschaft von Austvågøy mit der Lofotwand, im Osten die Massive von Hinnøy mit dem Møysalen, im Norden und Nordwesten die abwechslungsreiche Berg- und Inselwelt von Langøy – dazwischen die weiten Wasserflächen der Sunde und Fjorde, im Westen das offene Nordmeer. Nicht nur im Sommer wird hier gern gewandert. Die manchmal länger als ein halbes Jahr mit hohem Schnee bedeckten Berge sind ein ideales, gern genutztes Wintersportgebiet und locken mit zahlreichen Loipen und Pisten.

Waldspaziergänge

Hadseløy ist mit ihren schönen Wäldern eine angenehme, grüne Insel, auf der im Sommer recht wenig an die geografische Lage weit nördlich des Polarkreises erinnert. Im August wachsen in den Fichtenplantagen die schönsten Steinpilze und Pfifferlinge. Zu dieser Zeit tragen auch die Blaubeerbüsche überreich Früchte. Die Zahl der Wacholderdrosseln, deren lautes Keckern die lichten Birkenwälder erfüllt und die ebenso gern wie Möwen oder Krähen gelegentlich auf Beerenernte gehen, scheint hier noch größer zu sein als anderswo im Nordland. Im Breidviktal, einem charakteristischen Trogtal im Westen der Insel, kann man durch den Wald hinaufsteigen zum Lamlitind (657 m), dem höchsten Berg der Insel. An den im Tal plätschernden Bächen lässt sich regelmäßig die Wasseramsel sehen. Aus der Zwergstrauchheide der Bergrücken leuchten im Spätsommer die Moltebeeren.

Melbu

Der lebendige Hafenort im Süden von Hadseløy profitiert von der wichtigsten Fährverbindung zu den Lofoten. Transport, Fischerei und Fischverarbeitung bestimmen das heutige Bild des Hafens. Im Vesterålenmuseum, das im alten Gutshof von Melbu Hovegård eingerichtet ist, gibt es einen Überblick über die Lebensweise der Fischerbauern, den Fischfang und den Fischhandel vergangener Jahrhunderte zu sehen. Im Norsk Fiskeindustrimuseum, direkt am Hafen, wird dagegen Fischverarbeitung und Herstellung von Fischkonserven in der jüngeren Vergangenheit präsentiert. Bei der Fahrt von Melbu nach Stokmarknes auf schma-

▶ *Im Wald auf Hadseløy. – Von einem der vielen schönen Wanderwege der Insel schweift der Blick nach Norden, zur Hadselbrücke, die in elegantem Schwung den Langøysund überspannt.*

ler Nebenstraße längs der Küste um das steilwandige Westkap rundet sich das Landschaftsbild der Insel. Man kommt vorbei an schönen Sandstränden, die interessantes Angespül bieten – Muscheln, Schnecken, Seeigel ...

Stokmarknes

Hier stand die Wiege der Hurtigrute. Heute ist das Hurtigrutenhaus die Hauptattraktion der schön gelegenen Stadt am Langøysund, die sich auch – durch eine Brücke verbunden – auf die vorgelagerte Insel Børøy erstreckt. Die E 10 führt über diese Brücke und weiter über Hadselbrua, die harmonisch geschwungene Hadselbrücke, hinüber nach Langøy. Wer den Fahrplan der Hurtigrute kennt, der kann die beeindruckende Durchfahrt des Schiffes von der Höhe der Brücke aus erleben – sie darf zu Fuß überquert werden.

▶ *Blick nach Stokmarknes. – Von der Höhe der Ørnheia, einem auch bei Einheimischen recht beliebten Ziel für Wanderungen und Spaziergänge, überschaut man die schön gelegene Stadt mit dem großartige Landschaftspanorama der Langøy als Hintergrund.*

▼ *Hadselbrücke. – Die Sicht von Langøy nach Osten zeigt die schöne Brücke, die Hadseløy mit Langøy verbindet, vor dem Hintergrund des Møysalenmassivs auf Hinnøy.*

▲ Hurtigrutenkai Stokmarknes. – Gerade hat M/S „Nordnorge" am Kai festgemacht. Gleich daneben liegt M/S „Finnmarken" an Land – das zum Hurtigrutenmuseum (links) gehörende Museumsschiff.

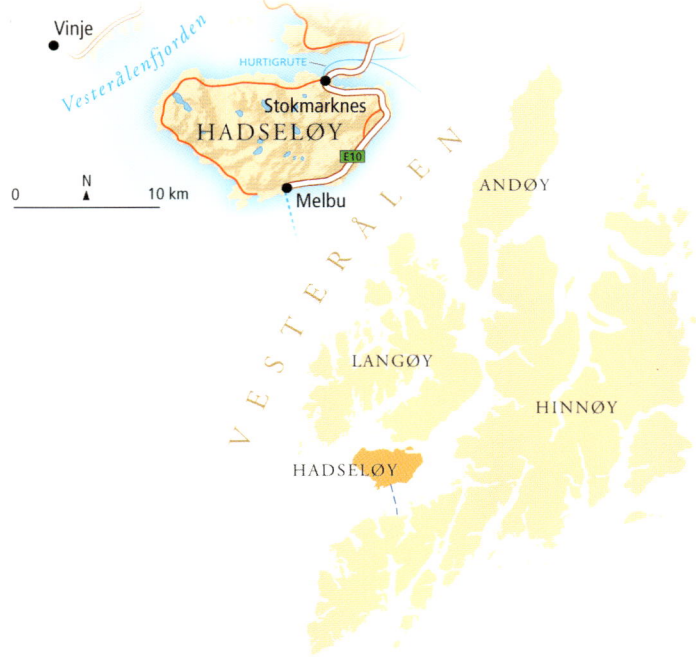

▲ Die Fähre kommt. – Im Sommer heißt es hier im Hafen von Melbu oft: Warten! Denn noch immer ist die Fähre von Melbu nach Fiskebøl die am häufigsten benutzte Verbindung zu den Lofoten und während der Saison überlastet.

◄ Auf der Fähre. – Während der Überfahrt nach Fiskebøl durchbricht ein Sonnenstrahl die dichte Wolkendecke, die seit Tagen über den Inseln liegt, und bringt etwas Hoffnung auf schöneres Urlaubswetter.

M/S „Nordnorge". – Bei der Durchfahrt durch die Hadselbrücke mit Blick von der Brücke auf ein Hurtigrutenschiff der neueren Generation.

Als „Reichsstraße Nr. 1" wird sie oft bezeichnet, jene weltbekannte Schifffahrtslinie, die seit über 100 Jahren ihren Liniendienst längs der Küste im Norden Norwegens versieht. Schon seit langer Zeit ist die Hurtigrute, auf der heute elf Schiffe verkehren, zu einer Legende geworden – so auch an Zuverlässigkeit und Pünktlichkeit. Passagiere, Post und Frachtgut werden befördert. Für viele Orte an der Nordmeerküste ist sie noch immer eine unverzichtbare Lebensader, die kürzeste Verbindung zwischen zwei Küstenorten

Die elf Tage dauernde Reise von Bergen nach Kirkenes und zurück unternimmt sicher kaum ein Nordländer. Dafür wird die Linie immer mehr zur besonderen Touristenattraktion. Denn die modernen Schiffe bieten einen hohen Komfort – und sie fahren durch eine der schönsten Küstenlandschaften der Welt. Auf ihrer Fahrt steuern sie landschaftliche Höhepunkte an, wie beispielsweise den Trollfjord. Während der Ladearbeiten in den Häfen besteht oft Gelegenheit für kurze Ausflüge.

Die Wiege der Hurtigrute stand in Stokmarknes auf Hadseløy. Hier gründete Richard Witt im Jahre 1881 die „Vesterålens Dampfschiffgesellschaft", die mit der „Vesterålen" im Juli 1893 den Liniendienst aufnahm. Daher hat man Stokmarknes auch als Standort für das „Hurtigrutenhaus" gewählt, das 1999 seine Pforten öffnete. Das architektonisch interessante Gebäude beherbergt heute Kulturhaus, Hotel, Kongresszentrum und Seefahrtsinstitut sowie – als besondere Attraktion – das Hurtigruten-Museum mit dem Museumsschiff M/S „Finnmarken", das von 1956 bis 1993 in Dienst stand.

Eine „Reise durch die Zeit" versprechen die Ausstellungen des Hurtigruten-Museums. Sie vermitteln Vergangenheit und Gegenwart auf den Schiffen. Mit zahlreichen Exponaten und multimedial erhält der Besucher einen umfassenden Eindruck von den Schiffen in den unterschiedlichen Epochen und von deren Einrichtungen – von der Navigation und Schiffssicherheit über das Be- und Entladen bis hin zur Poststelle. Auch die M/S „Finnmarken", die später einmal – gründlich restauriert – in einer riesigen Halle aus Glas, Holz und Stahl stehen soll, kann vollständig besichtigt werden. Unmittelbar neben ihr legen die neuen Schiffe der Hurtigrute an.

Auf die Minute pünktlich. – Nach der Sirene des ablegenden Schiffes kann man die Uhr stellen.

DIE HURTIGRUTE

Im Hurtigrutenmuseum. – Eindrucksvoll nachgestaltet: die Brücke, das Sonnendeck und die Poststelle eines älteren Schiffes.

Hurtigrutenhaus. – Das eigenwillige Gebäude am Hafen von Stokmarknes beherbergt auch das Hurtigrutenmuseum, zu dem M/S „Finnmarken" als Museumsschiff gehört.

176

Mit ihrer Signalfarbe leuchten die Rotkappen oft schon im Juli aus den Birkenwäldern der Nordmeerküste. Pilze, nicht nur Rotkappen, zählen hier keinesfalls zu den Raritäten. Die langen Stunden sommerlichen Sonnenscheins lassen sie überall in den Wäldern, den „Treibhäusern der Arktis", in ungeahnter Fülle gedeihen. Sogar aus den niedrigen Polstern der Zwergstrauchheide schauen sie hervor. Dabei fallen zuerst natürlich jene Rotkappen und Birkenpilze auf, die

unmittelbar an den Straßenrändern wachsen und bei der Fahrt durch die Landschaft immer wieder zum Anhalten animieren.

Wer sich auf Pilzsuche in den Wald begibt, wird fast überall fündig. Die günstigste Zeit zum Sammeln ist der August. Da viele Norweger – aus der Tradition heraus – kaum Pilze essen, hat der Urlauber wenig Konkurrenz. Insgesamt kommen Pilzfreunde also voll auf ihre Kosten.

Neben Rotkappen und Birkenpilzen, von denen der Sammler bald nur noch die kernigen Exemplare in Korb oder Beutel legt, wachsen an manchen Stellen, bevorzugt im Nadelwald oder in seiner Nähe, auch Steinpilze. Kiloschwere Exemplare sind in guten Pilzjahren keine Seltenheit. Sogar Pfifferlinge lassen sich hier und da finden. Und Pilzkenner entdecken mit Sicherheit auch zahlreiche andere genießbare Arten.

Gebratene oder geschmorte Pilze stellen eine willkommene Bereicherung der Urlaubsküche dar. Das eigene Kochen ist ja hier im Norden –

ob im Ferienhaus oder im Wohnmobil – für die Selbstversorgung meist unumgänglich. Und so zieht, neben dem Duft der gebratenen Fische der Angler, auch der von geschmorten Pilzen aus so mancher Pfanne über den Campingplatz. Ein Pilzgericht erhält übrigens einen besonders deftigen Geschmack mit Kümmel. Den kann man auf vielen Uferwiesen am Nordmeer ernten. Gerade zur Pilzzeit reifen an den Kümmeldolden die kleinen braunen Samen. Diese lassen sich, so wie sie sind, zum Würzen verwenden. (Wer im Zweifel ist, ob er Kümmel vor sich hat, der reibe ein Korn zwischen den Fingerspitzen und prüfe den Geruch.)

Was aber tun, wenn der Pilzsegen und die Sammelleidenschaft viel größer sind als der momentane Appetit? Bei entsprechendem Wetter gelingt es manchmal, die festeren Rotkappen und Steinpilze vor Ort so weit zu trocknen, dass sie „transportfähig" werden. Bei den Trockenmethoden sind der Fantasie keine Grenzen gesetzt. Auch technische Geräte (z. B. Föhn) sind erlaubt.

Foto oben:
Pilzsegen. – Rotkappen dieser Größe werden so manchem Pilzfreund zum Problem.

▲ *Pilzernte auf Hadseløy. – Steinpilze, Rotkappen, Birkenpilze und Pfifferlinge.*

▶ *Rotkappen. – Sie leuchten mit ihrer Signalfarbe im August aus vielen Wäldern, während die Birkenpilze (drei Exemplare links) etwas zurückhaltender auftreten.*

▲ *Møysalenblick. – Von den sanften Hängen im Osten der Hadseløy, im Winter ein beliebtes Skigebiet, erkennt man in der Ferne den markanten Gipfel des Møysalen (1.262 m), den höchsten Berg der Vesterålen.*

▶ *Lofotenblick. – Die großartige Aussicht vom Storheia-Gipfel nach Süden – über die Wälder der Hadseløy, die Uferwiesen bei Melbu und den Hadselfjord – reicht bis zu den höchsten Bergen von Austvågøy, zum Trolltind-Massiv.*

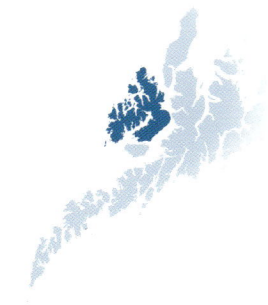

LANGØY

Verborgene Schönheiten

Bisher verlief die Inselreise von Süden her vielfach so, dass die großartigsten Landschaften und die interessantesten Sehenswürdigkeiten ganz in der Nähe der E 10 lagen, ja oft sogar von ihr aus zu sehen waren. Auf Langøy muss man sie dagegen an entlegenen Punkten suchen, weitab der Europastraße, die hier nur auf dem kurzen Stück zwischen Hadselbrücke und Sortlandbrücke längs der flachen Küste der großen Südost-Halbinsel von Langøy führt.

Langøy – der Name stimmt mit ihrer komplizierten Form eigentlich gar nicht überein – ist eine Insel für eigene Entdeckungen, in deren vielfältigem Grundriss so manches Reizvolle versteckt liegt, was in den meisten Reiseführern unerwähnt bleibt. Besonders der Westen und Norden von Langøy besteht aus einem ungewöhnlich kleinteiligen Gewirr waldreicher, gebirgiger Halbinseln, vor- und zwischengelagerten Inseln, schmalen Fjorden, kleinen Seen und Mooren sowie hügeligem Kulturland. Die zahlreichen Bergmassive sind meist nicht höher als 500 bis 600 Meter, zeigen aber hier und da durchaus „alpine" Formen. Langøys Vielfalt lässt sich aber besser im Detail, als im Überblick beschreiben.

Eidsfjord

Gleich hinter der Hadselbrücke biegt die schmale Uferstraße von der E 10 ab und führt im großen Bogen zum tief in die Insel eingreifenden Eidsfjord und weiter an dessen waldreichen Ufern nach Norden zur Inselstraße 820. Schon hier erhält man erste bemerkenswerte Ansichten von Langøy. Da sind mehrere wunderschöne Gletschertäler tief in die steilwandige Westflanke der Halbinsel eingeschnitten, jedes mit einem kleinen Gletschersee. Am reizvollen Ufersaum des Fjords erinnert heute nur noch wenig an die einstige Bedeutung dieses Meerarmes, der über lange Zeit weit und breit die reichsten Heringsfänge bot. Blieb der Hering aus, zog bitterste Not in die winzigen, heute längst verfallenen Fischerhütten beiderseits des Fjordes, in denen viel zu viele Menschen von diesem „Brotfisch" leben mussten. Das malerische Gebäudeensemble auf der kleinen Halbinsel Sildpollen im nördlichen Eidsfjord erinnert an die bewegte „Heringszeit", in der hier riesige Mengen von Hering gefangen, eingesalzen und verschifft wurden. In seinem Roman „Die Landstreicher" schildert Knut Hamsun, der zeitweise auf Langøy lebte, das Schicksal dieser Heringsfischer.

Das Bergmassiv am gegenüberliegenden Ufer wird überragt von der markantesten Felswand der Insel – von Reka (der Spaten), einem Wahrzeichen von Langøy, besonders beliebt bei Bergsteigern. An der schmalsten Stelle von Langøy, zwischen Annfjord und Olderfjord (hier ist die Insel nur wenige hundert Meter breit), beginnt und endet ein schöner Rundweg, der zum Westufer des Eidsfjords führt.

Im Inselwesten

Auf der Inselstraße 820 gelangt man erst seit dem Bau des Tunnels durch das Blåtindmassiv in den Westteil von Langøy. Vorher gab es dorthin nur den Wasserweg. Der Rastplatz am westlichen Ausgang des eineinhalb Kilometer langen Tunnels bietet neben einer weiten Sicht auch ein kleines, gut ausgestattetes Tourist-Informationsbüro für Langøy. Wer auf seiner Reise nach vielen grandiosen Landschaftserlebnissen möglicherweise einige ruhigere Tage in eher lieblichen Arealen verbringen möchte, dem empfiehlt man dort den äußersten Südwesten der Insel um Bø, Vinje und Straume.

Die flachwellige, offene Küstenlandschaft bietet schöne Strände, leichte Wanderwege, pilz- und beerenreiche Wäldchen, weite Moore und Heiden, stille Buchten zum Bootfahren oder Angeln. Es gibt lohnenswerte Ausflüge zur nahen Gaukværøy, einer markanten doppelgipfligen Insel (heute nicht mehr besiedelt) und zu den umgebenden Schären. Auf Gaukværøy sind zwei fossile Strandlinien bei 30 Meter und 12 Meter über NN als hervorragende Zeugnisse der nacheiszeitlichen Landhebung besser zu erkennen als an jeder anderen Stelle der Nordmeerküste. Auch bemerkenswerte Uferhöhlen,

► *Sommer in Hovden. – Üppig blüht der Weißklee auf der sandigen Uferwiese zwischen den beiden Stränden von Hovden im äußersten Nordwesten von Langøy. Noch vor wenigen Wochen hingen die Trockengerüste voll mit Stockfisch.*

LOFOTEN NORDMEERKÜSTEN | LANGØY

Vorhergehende Seiten:

Blick nach Myre. – Die Aussicht vom Elvetinden (605 m) nach Nordwesten zeigt die ausgedehnte, von Mooren und Seen bedeckte Küstenebene, die Strandflate, die durch Landhebung über den Meeresspiegel gelangte. Myre liegt am Rande des hinteren Bergmassivs. Der Bergkegel Søvågmælen ist kein ehemaliger Vulkan. Auch er erhielt seine Form durch das Eis.

▲ Bergland im Osten. – Der Blick vom Elvetinden (605 m) nach Südwesten über die 500 bis 600 Meter hohen Bergrücken zeigt, dass auch Langøy viele interessante Ziele für Bergwanderungen zu bieten hat.

◄ Tinden. – Die Gebäude dieses traditionellen Handelsplatzes auf der kleinen, bergigen Tindsøy (eine der Vestbygd-Inseln) stehen heute unter Denkmalschutz. Hier legt auch das Tourboot von Myre an. Für Wassersportler ist Tindsøy, ebenso wie der gesamte stille Archipel, ein lohnendes Ziel.

Gletschermühlen und Sandstrände gibt es auf den vor-gelagerten Inseln zu entdecken. Zur Svinøy gelangt man bei Ebbe von Vinje aus trockenen Fußes. Dort liegen etwa 200 Grabhügel aus der Eisenzeit. Bei der Fahrt mit Ka-jak oder Ruderboot durch diese Inselwelt kommen oft Robben und Schweinswale ganz in die Nähe des Boo-tes. Auf die Berge Veten (467 m) und Lynghaugtinden (504 m) führt von Straume und Steine ein leichter, mar-kierter Wanderweg mit großartigen Aussichten.

Der 2,7 Milliarden Jahre alte Vikan-Gneis im kleinen Bergmassiv nördlich von Straume zählt zu den ältes-ten Gesteinen Norwegens; der Strand von Søberg süd-lich von Straume zu den beliebtesten Zielen der „Nah-erholer". Das Heimatmuseum der Gemeinde Bø in einem ehemaligen Lehnmannshof am Hafen von Vinjesøen bie-tet vielfältige Einblicke in die traditionelle Küstenkul-tur. Auf einem Felshügel darüber steht die imposante, viereinhalb Meter hohe Skulptur „Der Mann vom Meer".

Vogelparadies Nykvåg

Die Straße zur nordwestlichen Halbinsel führt vorbei an der malerisch gelegenen Kirche von Eide und hinein in eine bemerkenswerte bergige Uferlandschaft. Auf den unter Naturschutz stehenden Kegelbergen der Vogel-inseln und in den Felswänden von Bufjellet brüten weit über 200.000 Seevögel. Auf Fyglnyken, der markanten Insel unmittelbar vor dem Fischerhafen von Nykvåg, haben allein über 150.000 Papageitaucher ihre Nistgänge. Auch Trottellummen, Tordalken, Dreizehenmöwen, Eis-sturmvögel, Gryllteisten, Krähenscharben und Basstöl-pel bewohnen in großer Zahl die Insel. Dieses Vogel-leben kann man sogar mit dem Fernglas von Land aus bewundern; besser natürlich aus nächster Nähe, vom Kutter aus, der die Touristen von Nykvåg rund um Fyglnyken fährt.

In den Felswänden über dem Hafen von Nykvåg bilden etwa 5.000 Dreizehenmöwen-Brutpaare eine dicht be-setzte Kolonie, von der ein beständiger, ohrenbetäu-bender Lärm ausgeht. Er wird noch verstärkt, wenn einer der vielen Seeadler erscheint, die in den Vogel-kolonien beste Nahrungsbedingungen finden und hier ihre größte Bestandsdichte in ganz Norwegen haben sol-len. Von der Anhöhe über Nykvåg zählte der Autor 13 Seeadler auf einen Blick.

Das ausgedehnte „Rollsteinfeld" am Ufer zwischen Nykvåg und Hovden ist eine unter Naturschutz ste-hende geologische Besonderheit: der vom Meer aus-gewaschene Teil der Fjærvollmoräne, einer der ältes-ten Endmoränen Norwegens. Hinter dem Moränenwall liegt Ravatnet, ein vogelreicher Binnensee, an dem Prachttaucher, Rotschenkel, Kampfläufer und Bekassine brüten.

183

▼ *Blick nach Hovden. – Die flache Halbinsel mit ihren vorgelagerten Schären, dem kleinen Fischereihafen und ihren beiden weißen Stränden liegt weitab von den Hauptzielen der Touristen. Der entlegene Ort gilt aber als besonders günstiger Platz, um die Mitternachtssonne zu beobachten.*

Hovden

Die hellen, freundlichen Holzhäuschen der kleinen Fischersiedlung zwischen den Klippen an der Landspitze von Hovden sind heute fast nur noch am Wochenende belegt. Während der winterlichen Fangsaison wird im Hafen von Hovden aber noch immer reichlich Fisch angelandet und getrocknet. Das freie Gelände zwischen den beiden weißen Sandstränden scheint ideal zu sein für die Fischtrocknung, denn dort stehen die weit und breit größten dachförmigen Trockengerüste. Auf der großen Wiese direkt daneben ist das Campen erlaubt. Von den nahen Uferklippen kann man die Mitternachtssonne besonders eindrucksvoll erleben. Hovden gilt insgesamt als ein idealer Platz, um Natur in aller Ruhe zu beobachten: An den Stränden trippeln zahlreiche Austernfischer und Sandregenpfeifer, werden immer wieder tausende schönfarbige kleine Schnecken angespült. Zwischen den Klippen wachsen so interessante Pflanzen wie Rosenwurz und weiß blühender Enzian.

▶ *In Hovden. – Weiße Holzhäuschen auf hügeligem Gelände verleihen der kleinen Siedlung ihren besonderen Charme. Heute werden sie hauptsächlich als Wochenendhäuser genutzt.*

▼ *Sonnenaufgang in Hovden. – Wenn die Sonne Ende Juli nachts wieder hinter dem Horizont verschwindet, lassen sich von den Hügeln bei Hovden großartige Sonnenuntergänge beobachten. Nicht weniger beeindruckend sind hier die Sonnenaufgänge, die aber meist verschlafen werden.*

184

Die großen Felsbrocken der Hafenmole sind unterhalb der Niedrigwasserlinie dicht mit Seenelken bewachsen. Auch Hovden hat seinen Hausberg, den 529 Meter hohen Malnesberg, von dessen Höhe die ungewöhnliche Lage des Ortes und die Nordküste von Langøy besonders gut zu überblicken ist.

Die nördliche Halbinsel

Auf dem Weg nach Norden weitet sich die Landschaft ganz unerwartet. Die Ebene von Stormyra, ein ausgedehntes Küstenmoor, zeigt große Ähnlichkeit mit den gegenüber auf Andøy gelegenen Moorgebieten. Das Moor war auch namengebend für die Ortschaft Myre, deren neue Häuser direkt an seinem Rand, angelehnt an den sanften Hang eines Bergmassivs, gebaut wurden.

Das moderne Zentrum im Norden von Langøy hat mit seinem Fischereihafen die Nachfolge mehrerer kleiner Häfen und Fischverarbeitungsplätze in der Umgebung angetreten, von denen manche noch zu den touristischen Sehenswürdigkeiten dieser Region zählen. Heute führen Straßen von Myre über Dämme durch Moor und Watt nach Meløy und Gisløy und zu den Häfen von Stregelvåg, Øya und Stø. Auch diese seenreiche Moorlandschaft entwickelte sich durch die jüngste Hebung des Meeresbodens. Der an einen klassischen Vulkankegel erinnernde Berg Sørvågmælen im äußersten Süden des Moores ist keinesfalls vulkanischer Entstehung, sondern wurde einst von der Brandung aus dem dahinter liegenden hohen Bergmassiv herauspräpariert.

Stø

Der fotogene Fischereihafen Stø am nördlichsten Punkt von Langøy wird heute von den Touristen besonders deshalb gern besucht, weil es hier eine Alternative zu den „Walsafaris" von Andenes auf Andøy gibt. Die Ausfahrten mit dem Kutter führen weit hinaus auf das Nordmeer, zur selben Position, die auch von Andenes angelaufen wird. Der Unterschied: Die Fahrt ist etwas weiter, und dauert mit dem kleineren Schiff länger. Dafür geht es an Bord des Safari-Kutters recht beschaulich zu. Es kann aber auch sehr schaukelig werden. So mancher ist nach dem großartigen Pottwal-Erlebnis doch recht froh, wenn auf der Rückfahrt backbords wieder die markante Leuchtturm- und Vogelinsel Anda auftaucht und Stø alsbald in Sicht kommt.

▲ *Reka („Der Spaten"). – Die senkrechte Felswand des höchsten Berges am inneren Eidsfjord gilt als markantester Gipfel der Insel und bildet ein beliebtes Ziel für Bergsteiger. Der innerste Eidsfjord ist sehr flach und läuft bei Ebbe teilweise trocken.*

◄ *Nyksund. – Das eigenwillige Ensemble verfallender Holzgebäude war einst ein wichtiger Fischereihafen, wurde aber vor über 30 Jahren aufgegeben. Heute versuchen engagierte Jugendliche aus vielen Ländern, die Geisterstadt vor dem weiteren Verfall zu retten und sie durch touristische und kulturelle Nutzung zu reaktivieren.*

Nyksund

Ein touristisches Angebot ganz anderer Art bietet der entlegene Hafen von Nyksund, auf schmaler Straße von Myre aus erreichbar. Das heute pittoreske Ensemble verfallender mehrstöckiger Holzbauten rings um das große Hafenbecken war einst ein wichtiges Zentrum der Fischanlandung und -verarbeitung, wurde aber vor ungefähr 30 Jahren stillgelegt und verlassen. Die Lage war ungünstig, die Technik veraltet. Inzwischen versuchen engagierte Jugendliche aus vielen Ländern, die Geisterstadt vor dem Verfall zu retten und sie durch touristische und kulturelle Nutzung zu reaktivieren. Ein schöner Uferwanderweg verbindet Nyksund mit Stø. Für den Rückweg bietet sich der Weg über den Kjølen (456 m) an – mit großartiger Sicht auf beide Orte und hinüber nach Andøy.

Inseltour

Westlich von Myre liegt die große Skogsøy, südwestlich der Archipel der Vestbygd-Inseln. Früher waren diese auch heute noch dauerhaft bewohnten Inseln wichtige Fischerorte: Skogsøy mit dem alten Kirchplatz Øksnes, Dyrøy, Tindsøy mit dem traditionsreichen Handelsplatz Tinden, Nærøy mit Finnvågan. Versorgt werden die Inseln heute mit einem „Hurtigboot" – einem kleinen, sehr schnellen Passagierschiff mit modernster Ausrüstung. Diese „Ortslinie" verkehrt bei jedem Wetter und Wasserstand nach Fahrplan, mit größtmöglicher Pünktlichkeit. Neben dem Personentransport wird mit diesem Schiff auch ein großer Teil der Versorgung abgewickelt. Bei der etwa zweistündigen Rundtour ab Myre erhält der Tourist interessante Einblicke in den Mikrokosmos dieser Inselwelt und hat dabei Gelegenheit zur Besichtigung des malerischen Handelsplatzes Tinden, an dem anscheinend die Zeit vor hundert Jahren angehalten wurde.

◀ *Blick zur Gaukværøy. – Die kleine Insel vor Vinje mit ihrem markanten Doppelgipfel liegt im äußersten Südwesten von Langøy und ist von einem ausgedehnten Schärengarten umgeben. Sie bildet ein beliebtes Ziel für Bootsausflüge.*

▼ *Im Hafen von Nykvåg. – Im Hochsommer herrscht – so wie hier – in den Fischerhäfen durchweg Ruhe. Gefischt wird in der kälteren Jahreszeit. In Nykvåg läuft zwar ab und zu auch im Sommer ein Kutter aus. Der aber ist mit Touristen besetzt, die sich rund um den nahen Vogelfelsen Fyglnyken fahren lassen.*

▲ „Der Mann vom Meer". – An ausgewählten Plätzen der
Nordmeerküste trifft man, mitten in der wunderschönen Natur,
unerwartet auf Werke der Kunst: auf Objekte des Projektes
„Skulpturlandschaft Nordland". Diese viereinhalb Meter hohe
Plastik steht auf einem Uferfelsen in Vinjesjøen, etwas oberhalb
des Museums. Im Hintergrund ist Vinje zu erkennen.

◄ Strand bei Søberg. – In der lieblichen Landschaft im Südwesten
der Insel bei Straume (im Hintergrund) liegen einige schöne
Strände, die bei entsprechendem Wetter auch gern von den
Einheimischen genutzt werden.

Rückfahrt auf der Straße 820 nach Sortland: Am Wege
liegt Jennestad, ein anderer, früher sehr bedeutende-
rer traditioneller Handelsplatz. Doch auch die weißen
Holzgebäude dieser alten Niederlassung, in denen seit
1860 das Geschäft blühte und bis 1982 die verschiedensten Waren über den 17 Meter langen Ladentisch gingen, sind heute nur noch Denkmal. In Sortland, dem modernen Hauptort der Insel gibt es viel mehr Beton als Holz.
In den Supermärkten der Stadt kann man sich für die wei-
tere Vesterålenreise versorgen – ohne einen Ladentisch.

Rein weiße, feinkörnige Sandstrände und typische Südseefarben im flachen Wasser davor – bei Sonnenschein erinnern manche Strandszenerien am Nordmeer an viel weiter südlich gelegene Küstenlandschaften. Manche Touristen suchen nach der Ursache dieser für den Norden ungewöhnlichen Erscheinung. Die liegt allein im Sand, aus dem hier die Strände bestehen. Dieser Sand besitzt tatsächlich eine wichtige Gemeinsamkeit mit dem der Südseestrände: auch er besteht aus Kalk – ganz anders als der Sand an Nord- und Ostsee, der sich aus feinen Quarzkörnchen zusammensetzt.

So wie die Südseestrände meist aus fein zerriebenen Kalkstückchen von Korallen bestehen, entstanden die Kalkkörnchen der Nordmeerstrände aus zerriebenen Schalen von Meerestieren – von Muscheln, Schnecken, Seeigeln, vor allen Dingen aber aus den filigranen Bauten von Kalk abscheidenden Rotalgen. Manche Skelette dieser Algen erinnern an Miniatur-Korallen – weiße, oft kugelige, aus feinen Ästchen oder Knöllchen zusammengesetzte Kolonien, meist ein bis drei Zentimeter groß. Sie sind gar nicht selten an den Spülsäumen der Strände zu finden und werden gern als Souvenir aufgesammelt. Vielfach bilden diese Algen, die im flachen Wasser leben, auch weißliche Krusten auf festem Material am Meeresboden.

Von den Wellen zerschlagen und fein zerrieben wurde aus den Kalkresten der Organismen schließlich der feine, weiße Sand, der – vom Wasser nach Korngröße sortiert – die Strände bildet. Dieser Kalksand besitzt, im Vergleich zum Quarzsand unserer heimatlichen Küsten, eine geringere Dichte. So können ihn sowohl Wasser als auch Wind leichter und weiter transportieren.

Großflächige Sanddepots liegen besonders im Flachwasser vor der Strandflate. Durch die Küstenhebung gelangten viele Sandablagerungen in den Gezeitenbereich. Der Sand wurde an den Stränden ausgeworfen, in großer Menge vom Wind landeinwärts geweht, zu Dünen angehäuft. In zahlreichen Buchten bildet dieser Kalksand, der einen fruchtbaren, lockeren Boden ergibt, die Grundlage für eine ertragreiche Landwirtschaft.

▼ Der Sand an den Nordmeerküsten besteht aus fein zerriebenen Schalen von Meerestieren – auch von Islandmuscheln, die hier auf dem Strand liegen.

▲ Strand, Dünen und Dünenkliff bei Eggum (Vestvågøy).

▼ Diese wie Korallen aussehenden, ein bis drei Zentimeter großen Kalkgebilde wurden von Rotalgen abgeschieden. Sie liefern den größten Teil des Sandes am Nordmeer.

▲ *Blick nach Nykvåg. – Das kleine Fischerdorf im Nordwesten von Langøy ist von Vogelfelsen umgeben. Am bekanntesten ist Fyglnyken, die Insel rechts hinten, mit ihrer Kolonie von 15.000 Papageitauchern. In der Felswand links vom Dorf brüten tausende Dreizehenmöwen.*

▶ *Sildpollen am Eidsfjord. – Der größte Fjord der Insel war einst berühmt durch legendäre Heringsfänge. Heute erinnert nur noch die Fischereistation auf der kleinen Halbinsel und deren Name an die großen Zeiten.*

Nachts gegen drei Uhr werden wir wach; warmes Sonnenlicht erfüllt den Wagen. Es ist vollkommen still. Dichter Bodennebel zieht weich zwischen den verstreut liegenden Häusern und lässt die beiden riesigen Trockengerüste über der grünen Wiese am Strand schweben. Sekundenschnell ändert sich das Licht, wird immer wärmer, gelber und mit ihm die spiegelglatte Wasserfläche des Fjords. Am durchsichtig hellen Himmel schwimmt noch ein blasser Mond und in der Ferne umhüllt blauer Dunst die bizarren Bergmassive. Schwer fällt der Tau auf die Weißkleewiese.

Sechs Uhr morgens – draußen sind 28 °C! Die funkelnden Tautropfen sind verschwunden, der Weißklee blüht und duftet und die Hummeln arbeiten mit gleichmäßig zartem Brausen. Dazwischen jauchzen die Herings- und Silbermöwen, die wie aufgereiht auf dem Dach des „Sanfindhuset" sitzen; Seeschwalben kreischen, Austernfischer rufen. Klares Sonnenlicht, milder Wind, eine zauberhafte Landschaft ringsum, friedliche Stille – eine Welt zum Wohlbehagen.

Aus dem Zelt am Trockengerüst kriechen zwei Kinder und kugeln sich wohlig im weißen Strandsand, nasse Kleidungsstücke vom Vortag hängen über den Hölzern, auf denen noch bis in den Juni hinein der Stockfisch trocknete. Drei junge Norweger liegen vor ihrem winzigen Zelt zwischen den Wiesenklippen auf dem Bauch um ein kleines Kochfeuer und reden leise miteinander. Zwischen den sonst so vereinsamt dastehenden Häusern bewegen sich plötzlich Menschen, sitzen im großen Kreis am Tisch beieinander oder genießen still die Sonne. Vor einem Haus an der schmalen Straße räumt eine junge Frau Tische und Stühle auf die Terrasse, hängt ein Fähnchen an den Zaun – das Eiscafé ist fertig.

Mit Decken und Proviantaschen bepackt zieht ein junges Paar mit vier kleinen, vergnügt hüpfenden Kindern heran und baut ein Lager im weißen Sand. Nach kurzer Zeit befinden sich noch mehr leicht bekleidete Menschen am Strand – aber niemand badet. Das Wasser ist kalt, obwohl die Luft über der Wasseroberfläche vor Wärme flimmert. Das Nordmeer wogt sacht und glitzert in der Sonne – und dann gleitet ein kleines Kanu zwischen den Klippen hervor und fährt weit hinaus auf die unendliche Wasserfläche.

Windstille. Im Hafenbecken spiegeln sich Kutter, Berge und Himmel so klar und vollkommen – es ist kaum zu fassen. Wir klettern die Steinböschung der Mole hinunter und sehen durch den blanken Wasserspiegel in eine Märchen-Unterwasserwelt. Seenelken in allen zarten Farben wiegen sich an biegsamen Stielen auf den großen, mit hellgrünen Algen fleckenhaft bewachsenen Molensteinen. Das Sonnenlicht spielt darüber hin.

Mitternacht stehen wir zusammen mit Norwegern und Deutschen oben auf dem Wiesenhügel, reden, betrachten und fotografieren die untergehende Sonne. Es ist hell. Im roten Farbenspiel verschwindet die riesige glühende Scheibe und taucht nach kurzer Zeit mit warmem gelbem Licht wieder auf; verzaubert die Welt. Ein Sommertag im hohen Norden.

▲ Sommerstimmung in Hovden (Langøy).

◄ Am Strand von Hovden.

► In zwei Tagen kann frisch gemähtes Gras zu trockenstem Heu werden – der Polarsommer macht es möglich.

ANDØY

Gebirge und Ebenen

D ie nördlichste Insel des Archipels ist auch die entlegenste. Gäbe es da nicht Andenes als wirtschaftliches, wissenschaftliches, militärisches und touristisches Zentrum im Norden, kämen vermutlich noch weniger Besucher nach Andøy. Für Freunde besonderer Natur und Landschaft bietet die rund 55 Kilometer lange Insel aber viel Ungewöhnliches. Hier ist der Kontrast zwischen den ausgedehnten Küstenebenen der Strandflate und den aufgesetzten Bergmassiven so ausgeprägt wie auf keiner der anderen Inseln, wie in keiner anderen Küstenregion Norwegens.

Fast 100 Kilometer weit ist der Weg von der Sortlandbrücke, längs der Westküste von Hinnøy, über die Risøybrücke und an der Ostküste von Andøy entlang bis nach Andenes. Schon die ungewöhnlich schnurgerade durch flaches Land verlaufende Uferstraße und die wie Inseln aus der Ebene herausragenden Bergmassive verdeutlichen den landschaftlichen Unterschied zu allen anderen Inseln. Auch der flache nördlichste Teil von Andøy ist eine vermoorte Küstenebene.

Andenes

Die moderne Wohnsiedlung von Andenes liegt nicht im weiten Moor, sondern zum großen Teil auf der äußersten, felsigen Nordspitze der Insel, die man am besten vom Andenes Fyr, dem hohen, schlanken Leuchtturm am Hafen, überschauen kann. Die Besteigung des 40 Meter hohen, leuchtend roten Gebäudes wird sogar per Urkunde bestätigt. Zu Füßen des Leuchtturmes liegen die wichtigsten der für Touristen interessanten Einrichtungen auf Andøy: das Inselmuseum (Polar- und Fischereimuseum), der naturkundliche Erlebnisbereich HISNAKUL, das „Nordlichtzentrum" und vor allen Dingen des Walzentrum Andenes. Von hier aus starten jene Schiffstouren, bei denen die Beobachtung von Pottwalen so gut wie sicher ist. Etwa 20 Kilometer westlich von Andenes halten sich im Sommer regelmäßig Pottwale auf, die gerade hier, an einer Einbuchtung des Kontinentalhanges, in rund 1.500 Meter Tiefe ein günstiges Nahrungsangebot finden. Diese Situation ermöglicht die Walsafaris, welche die meisten Touristen in den abgelegenen Hafen locken und die offiziell als „eines der besten Walsafari-Angebote der Welt" bewertet werden.

Südlich des Ortes, am Fuße des markanten Bergmassives Røyken, liegt ein Institut für Ionosphärenforschung, in dem auch deutsche Wissenschaftler und Techniker tätig sind. Von einer Abschussbasis werden hin und wieder Raketen für Forschungszwecke gestartet. Auf den Røyken (468 m) führt die für den Fahrzeugverkehr gesperrte Straße zu einer Bergstation. In halbstündiger Wanderung ist die Berghöhe erreicht, die einen fantastischen Überblick bietet über das exponiert gelegene Andenes, das riesige Flugplatzgelände sowie die unbebauten Moorgebiete der Küstenebene mit ihren zahlreichen Seen und „Mooraugen". Am Horizont im Nordosten ragen die Bergmassive der Insel Senja aus dem Meer. Der Blick über den Grat des Bergrückens nach Süden zur Westküste der Insel bietet ein völlig anderes Bild: In einer von Bergen umrahmten Bucht liegt das traditionsreiche Fischerbauern-Dorf Bleik, dessen Ursprünge bis in die Eisenzeit zurückreichen.

Bleik

Hinter einem breiten, weißen Sandstrand und dem hohen Dünenwall erstreckt sich, auf sandigem Grund, die völlig flache, vielfach parzellierte, heute aber kaum noch bestellte Feldmark von Bleik bis an den Rand des Berghanges – fruchtbares Ackerland, das einst gute Erträge lieferte. Die Häuser des Dorfes liegen etwas erhöht und dicht gedrängt am sanften Hang einer Endmoräne. Als „Bleiksmoränen" steht das Gebiet hinter dem Dorf mit seinem Gewirr von Geröllrücken und Seen unter Naturschutz – ein besonders ungewöhnliches Zeugnis der

▶ *Der Leuchtturm von Andenes. – Der 40 Meter hohe, schlanke Turm am Hafen von Andenes ist das Wahrzeichen des Ortes. Er schickt in der dunklen Zeit des Jahres sein Licht rund 24 Kilometer weit hinaus aufs Nordmeer. Im Sommer kann er bestiegen werden. Wer die 153 Treppenstufen bewältigt, erhält ein Diplom.*

▲ *Der Hafen von Andenes. – Eine mächtige Steinmole schützt den Hafen vor den gewaltigen Brechern, die oft gegen die Nordspitze der Insel toben. Von hier starten auch die Schiffe zur Walsafari.*

◄ *Blick nach Andenes. – Den etwa 4.000 Einwohner zählenden Ort überblickt man am besten von der Höhe des Røyken (468 m), unmittelbar südlich von Andenes, auf den ein bequemer Weg führt. Noch eindrucksvoller ist diese Aussicht bei Mitternachtssonne.*

► *Die Bucht von Bleik. – Das alte Fischerbauerndorf Bleik wurde so gebaut, dass kein wertvoller Ackerboden verloren ging. Die Felderung der fruchtbaren Ebene, auf der früher Getreide wuchs, ist noch heute erkennbar. Hinter dem Dorf liegt eine mit Gewässern durchsetzte Endmoräne, rechts die Bleiksøy.*

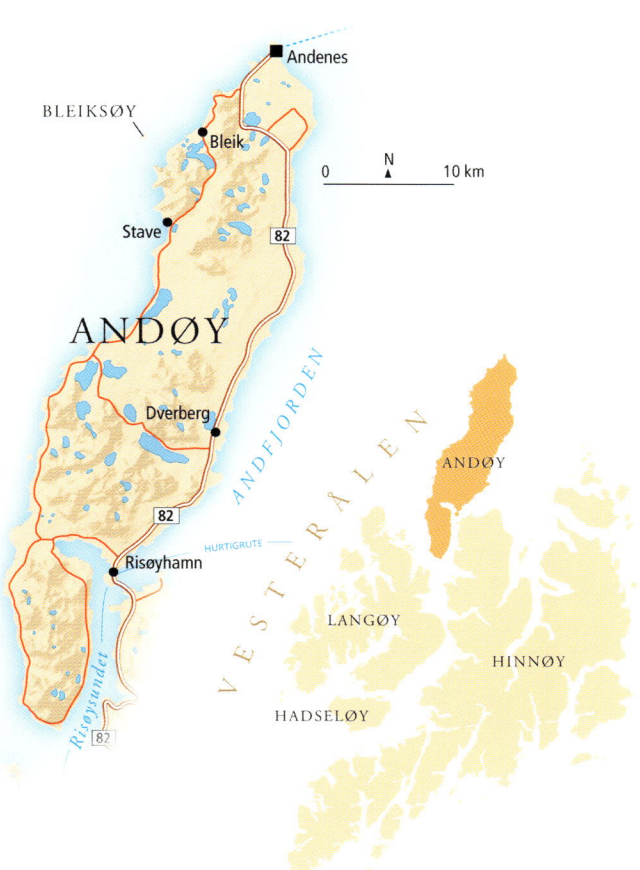

Landschaftsgeschichte (Seite 14). Südlich des Ortes grenzt die Moräne mit einem niedrigen Kliff an den weißsandigen Strand, der mit zahlreichen großen, aus der Moräne herausgewaschenen Findlingen bestreut ist. Knapp zwei Kilometer vor diesem ungewöhnlichen Strand ragt eine ebenso ungewöhnliche Insel aus dem Nordmeer; der über 100 Meter hohe, spitze Felskegel von Bleiksøy – das Wahrzeichen von Bleik. Die kleine Insel ist einer der interessantesten Vogelfelsen des Nordlandes, u. a. Brutplatz von etwa 140.000 Papageitauchern und 12.000 Dreizehenmöwen. Ein kleiner Kutter fährt vom Bleiker Hafen regelmäßig zur geruhsamen „Vogelsafari" rund um die Bleiksøy. Dabei darf auch geangelt werden.

Måtind-Massiv

Der befahrbare Uferweg von Bleik nach Süden führt hinein in die Endmoräne. Von seinem Endpunkt aus gelangt man auf schmalem, steilem Fußpfad durch beerenreichen Birkenwald weiter hinauf auf das Måtindmassiv. Die Insellandschaft bei guter Sicht von dort aus zu erleben, zählt zu den stärksten Eindrücken, die Andøy bietet. Das von steilwandigen Hängen – fossilen Kliffs und eiszeitlichen Karen – begrenzte Bergmassiv

◄ *Blick zur Bleiksøy. – Die Aussicht vom markanten Måtind-Gipfel nach Norden zeigt, dass die Bleiksøy auch einen flachen Teil besitzt. Aus dem heute noch mit dem Land verbundenen spitzen Felskegel Heststaven (220 m) im Vordergrund könnte in ferner Zukunft vielleicht eine ähnlich geformte Insel entstehen.*

besitzt ein viele Quadratkilometer großes Hochplateau. Ein wie geschoren wirkender Polsterteppich aus Zwergsträuchern bedeckt die weitspannigen Matten. Manche sind im Juni weiß überzogen von den Blüten der Silberwurz, im August von ihren silbrigen Fruchtständen. Aus feuchteren Arealen leuchten orange die Moltebeeren. Doch am großartigsten ist die Aussicht vom 408 Meter hohen Måtind. Im Süden des Massivs liegt das ausgedehnteste Moorgebiet von Andøy: das tischebene, nur wenig über den Meeresspiegel aufragende Stormyr und davor ein weites Watt. Erst viel weiter südlich ragen andere Bergmassive wie Inseln aus den Mooren. Der Blick in die weite Ferne zeigt die Nord- bzw. Westküsten von Langøy und Hinnøy.

Ganz in der Nähe, vor dem markanten Kliff am Måtind hat das Meer die noch mit dem Land verbundenen Felskegel Breidstaven (144 m) und Heststaven (220 m) geformt. Aus ihnen werden in ferner Zukunft ganz ähnliche Inseln entstehen wie die Bleiksøy, auf die sich vom Måtind eine besonders schöne Aussicht bietet. Mit einem guten Fernglas erkennt man von hier aus sogar die Robben, die sich genau auf jenen südlich vorgelagerten Schären lagern, die von Stave aus bei einer „Seehund- und Basstölpel-Safari" mit dem Boot umrundet werden.

Das Große Moor

Die Küstenstraße von Stave nach Süden verläuft auf einem niedrigen Strandwall. Landseitig erstreckt sich

die beeindruckende Weite von Andmyran, des größten geschlossenen Moorgebietes der Insel. Seeseitig liegt ein weites, seichtes Felswatt, dessen Gesteinspartien bei Ebbe einen ungewöhnlich farbintensiven Algenbewuchs aus Rinnentang, Spiraltang und Blasentang zeigen. Dazwischen leuchten helle Sandflächen, liegen dunkle Geröllfelder und große Findlinge. Weiter draußen ragen Schären aus dem Flachwasser. Die Basis dieser großartigen Moor- und Wattlandschaft ist eine lange vor der Eiszeit vom Meer geschaffene Brandungsterrasse. Sie wurde später von den Gletschern überformt und tauchte in den vergangenen Jahrtausenden durch die Landhebung allmählich aus dem Meer auf. Mit dem „Skogvoll Naturreservat", dem weitaus größten Natur-

▲ *Aussicht vom Måtind. – Der für Andøy typische Kontrast zwischen steilwandigen Bergmassiven und ebenen Moorgebieten wird bei diesem Blick nach Süden besonders deutlich. Hinter dem vorderen Bergrücken liegt Stave. Das große, von vielen Seen durchzogene Moor ist Andmyran (siehe auch Seite 17).*

◄ *Blockstrand bei Bleik. – Das Meer hat diese dekorativen Geschiebe aus der „Bleiksmoräne" ausgewaschen. Die sehr verschiedenartigen Gesteine beweisen, dass die Blöcke einst vom Eis teilweise über große Entfernungen hierher transportiert wurden.*

schutzgebiet auf Lofoten und Vesterålen, stehen große Teile von Andmyran und Skogvollbucht unter Schutz. Der während der Landhebung entstandene Strandwall, auf dem sich zwischen Watt und Strandsee eine ungewöhnlich erscheinende Häuserzeile hinzieht, bietet vielfältige Möglichkeiten für Naturbeobachtungen. Hier wachsen interessante Strand-, Heide- und Moorpflanzen; hier nisten Brachvögel, Kampfläufer, Austernfischer, Moor-Schneehühner, Graugänse und Eiderenten. Eulen und Adler fliegen über das Moor ...

Ostküste

Auch an der Ostküste liegen Straße wie Ortschaften auf dem fossilen Strandwall, der streckenweise schnurgerade verläuft. An dem Landvorsprung, auf dem die weiße kleine Holzkirche von Dverberg leuchtet, steht bemerkenswertes Gestein an, das gar nicht in den ur-

▲ *Bleiksøy. – Etwa zwei Kilometer vor Bleik liegt das Wahrzeichen des Ortes – die etwa 100 Meter hohe Bleiksøy, als Vogelinsel weithin bekannt. Ungefähr 140.000 Papageitaucher brüten dort im Frühsommer. Vom Hafen Bleik fährt regelmäßig ein Kutter zur „Vogelsafari" rund um die kleine Insel.*

▶ *Ufer bei Stave. – Bei Ebbe läuft in der Skogvollbucht südlich von Stave ein breites Watt trocken – teilweise sandig, teilweise felsig mit Algenbewuchs – der noch nicht landfest gewordene Teil der Strandflate. Der höchste Gipfel im Hintergrund ist der Måtind (408 m), die Häuser gehören zu Stave.*

alten kristallinen Gesteinskomplex der Vesterålen passt: heller Marmor, dessen senkrecht gestellte Schichten mit unzähligen kleinen Strudellöchern bedeckt sind. Einige Kilometer nördlich, bei Ramsa, fanden die Geologen noch jüngere Sedimentgesteine, Ablagerungen aus Trias und Jura, die – einmalig für Norwegen – noch weniger hierher passen. Ihre Ähnlichkeit mit den kohlereichen Gesteinen auf Spitzbergen war der Grund für Bohr- und Schürfarbeiten. Die vielen Fossilien, die früher hier im Abraum lagen, sind längst abgesammelt oder zerfallen. Geblieben ist eine bei diesen Erkundungen gefundene wissenschaftliche Sensation: das vollständige Skelett eines über drei Meter langen Fischsauriers, etwa 160 Millionen Jahre alt. Es hängt heute im Polar- und Fischereimuseum von Andenes.

Im Süden von Andøy

Das große Mittelmassiv der Insel besitzt, ähnlich wie die nördlichen Massive, vielfach steile bewaldete Flanken und wellige Hochflächen mit Zwergstrauchheide. Die ausgedehnten Moorgebiete von Andøy weichen aber im äußersten Süden einem lang gestreckten Bergmassiv, das sich weit in das „Dreiinseleck" von Andøy, Hinnøy und Langøy hineinschiebt. Bei einer Tour auf dieser gebirgigen Südhalbinsel bietet sich ein Landschaftsbild wie an den Ufern der Inseln gegenüber. Der schmale, flache Ufersaum wird meist landwirtschaftlich genutzt. Davor liegt hier und da ein schöner Sandstrand, dahinter das Bergmassiv. Wer für Andøy genügend Zeit eingeplant hat und wem das Wetter klare Sicht beschert, der findet genau an der Südspitze der Insel einen Pfad hinauf zum Gaultind (662 m). Von seinem Gipfel aus entdeckt man in der Ferne – als Orientierungspunkte – die Sortland- und Risøybrücke, überblickt die auffallend kulissenartig gestaffelten Bergmassive von Hinnøy und Langøy, die lang gestreckten Sunde zwischen den Inseln, das ausgedehnte Moorgebiet von Myre, liebliche Ufersäume mit hellen Stränden – die ganze Landschaftsvielfalt der Vesterålen.

▲ *Moor bei Bøgard. – Diese Moorlandschaft an der Westküste von Andøy zeigt die charakteristische Struktur eines naturbelassenen Moores: die trockenen, mit Zwergsträuchern und Flechten bewachsenen Bülten und die nassen, oft wassergefüllten Senken.*

◄ *Die Kirche von Dverberg. – An der insgesamt flachen Ostküste von Andøy bestimmen Wiesen und Weiden, einzelne Bauerngehöfte und kleine Dörfer das Landschaftsbild. Das weiße Kirchlein steht auf einer kleinen Landzunge aus Marmor – eine geologische Besonderheit für die Insel.*

▼ *Papageitaucher. – Etwa 140.000 dieser charakteristischen Seevögel brüten auf der Bleiksøy an der Westküste von Andøy. Nach der Brutzeit schwimmen sie häufig in großen Scharen auf dem Wasser zwischen den Schären.*

208

„Und Sie waren wirklich noch nicht auf Walsafari?", fragt unser Nachbar auf dem Campingplatz etwas ungläubig. „Nein, noch nicht – jedenfalls nicht hier in Stø." Wir warten auf einen richtig schönen, warmen, windstillen Sommertag. Als dieser zwei Tage später kommt, versuchen wir – ohne Voranmeldung – einen Platz auf dem kleinen Kutter zu bekommen. Es klappt. Wir kaufen die beiden letzten Karten, verschmähen die angebotenen Tabletten gegen die Seekrankheit und haben – trotz des perfekten Wetters – nicht nur die Fotoausrüstung, sondern auch unsere warme Kleidung in den Rucksäcken.

Bei strahlender Sonne wiegt die schwache Dünung den Kutter sachte auf und ab. Die Wasserfläche des Nordmeeres ist glatt, funkelnde Lichtpünktchen tanzen darüber hin. Die Sonne wärmt, blau und wolkenlos leuchtet der Himmel. Ein Wetter wie bei Windstärke 2 auf der Ostsee. Entspannt sitzen alle an Deck: Norweger, Finnen, eine tschechische Jugendgruppe, Deutsche. Viele Kinder sind dabei, sie tragen alle eine Schwimmweste, sind wohl gelaunt und erwartungsvoll. Junge Fachleute, meist sind es Biologiestudenten, informieren über Lebensweise und Verhalten der Wale, über die Waljagd, über ihren Schutz.

Nach etwa zwei Stunden haben wir das Beobachtungsgebiet erreicht, aber kein Wal ist zu sehen. Dafür aber ein großer Kutter, der von Andenes ausgelaufen ist. Per Sprechfunk verständigen sich die beiden Besatzungen. „Nichts zu sehen!" Sollten wir heute kein Glück haben? Enttäuschung breitet sich aus. Aber plötzlich ruft jemand „Da bläst er!" Weit über dem leicht bewegten Meer schwebt eine zarte Wasserwolke, die der Wind verweht. Das Schiff fährt vorsichtig mit gedrosselten Motoren darauf zu, bis ein langer, grauer, glänzender Rücken zu sehen ist und treibt dann langsam neben dem Pottwal. Gemächlich gleitet der durch das Wasser - und schnauft. Ein schlechter Mundgeruch weht herüber. Schließlich wölbt sich der Rücken, elegant hebt sich die Fluke, verharrt einen Moment majestätisch, Wasserschleier rinnen herab, lautlos versinkt sie. Die meisten Passagiere sind so beeindruckt, das sie fast das Fotografieren vergessen – beim ersten Wal.

Acht Wale können wir beobachten. Die Stimmung ist derart euphorisch, dass keiner bemerkt, wie sehr sich das Wetter verändert hat. „Wir müssen leider abbrechen, schnell zurück!" Der Kutter fährt zwar mit voller Kraft – doch gegen den Wind. Das Nordmeer wogt grau. Der Wind frischt immer mehr auf, wird zum Sturm. Die Dünung schaukelt sich hoch, über den Bug

schlagen die Brecher, die Luft ist nass und salzig. Überall Wasser. Endlich, nach unglaublich lang erscheinender Zeit, tauchen aus der Wassernebelwand die Hafenanlagen von Stø auf. Das war ein wahrhaft unvergesslicher Tag.

▲ Fluke eines abtauchenden Pottwals. – Für manche Teilnehmer an einer Walsafari ist die Anzahl der beobachteten Pottwale ein Maßstab für den Erfolg ihrer Reise.

▼ Pottwalrücken. – Oft schwimmen die gewaltigen Tiere viele Minuten lang neben dem Schiff her. Dabei kann man auch ihren typischen „Blas" beobachten.

▶ *Nordmeerfahrt. – Auf einem Walsafari-Kutter bei einer Ausfahrt von Støy.*

▲
▼ *Abtauchende Pottwale. – Die gewaltigen Fluken (Schwanzflossen) der Pottwale sind individuell so verschieden geformt und gezeichnet, dass die Walforscher daran einzelne Tiere wiedererkennen können.*

HINNØY

Norwegens größte Insel

Mit ihren 2.400 Quadratkilometern ist sie nicht nur die weitaus größte, sondern auch die am wenigsten übersichtliche Insel des gesamten Archipels. Die landschaftlich großartige Hinnøy zu entdecken heißt zuerst, die Karte sehr genau zu studieren, um einen Überblick zu bekommen über die durch zahlreiche Bergmassive, Gletschertäler und Fjorde überaus reich gegliederte Insel. Leider quert die E 10 Hinnøy so, dass man bei der Fahrt nur wenige Aussichten als Orientierung bekommt.

Heute ist Hinnøy durch Brücken verbunden mit den anderen Vesterålen – mit Langøy (Sortlandbrücke), Austvågøy (Raftsundbrücke) und Andøy (Risøysundbrücke) sowie über die Tjeldsundbrücke mit dem Festland. Die wichtigste Anreiseroute von dort zu den Lofoten und Vesterålen führt aber noch immer über eine Fähre – über die von Borgnes an der E 6 hinüber nach Lødingen im Südosten von Hinnøy. Die etwa einstündige Überfahrt spart die Fährüberfahrt von Borgnes nach Skarberget sowie die mehr als 220 kurvenreichen Straßenkilometer über Narvik.

Es führen zwar viele Nebenstraßen längs der Küsten Hinnøys, doch längst nicht bis in alle entlegenen Winkel der großen Insel. Viele davon kann man vom Wasser aus erkunden – oder aber erwandern. Austvågøy verfügt über ein ausgedehntes Netz von Wanderwegen, auf denen hauptsächlich alle Freunde längerer Tagestouren auf ihre Kosten kommen. Es sind aber auch Übernachtungen in Berghütten möglich. Im Winter führen mehrere Loipen weit hinein in die zauberhafte Bergwelt. Ein Wanderführer für Hinnøy und die übrigen Vesterålen („På tur i Vesterålen") ist in den Touristenbüros vor Ort erhältlich.

Am Raftsund

Von Austvågøy bequem über die neue Raftsundbrücke zu erreichen, führt eine schmale Straße am Ostufer des Raftsunds entlang bis nach Digermulen. Von dieser Straße aus bietet sich ein so großartiges Panorama des östlichen Gebirgsmassivs der Austvågøy, wie man es hier sonst nur vom Schiff aus erleben kann. Die mehr als 1.000 Meter hohen Gipfel von Svartsundtind, Trolltindmassiv und Rulten dominieren das unzugängliche Westufer des Raftsunds. Schon allein deshalb lohnt die Fahrt hierher.

Digermulen

Der kleine, idyllisch am Raftsund gelegene Ort Digermulen war einst der Ausgangspunkt für den Lofot-Tourismus. Als dessen Begründer gilt ausgerechnet der deutsche Kaiser Wilhelm II., ein Verehrer norwegischer Geschichte, Kultur und Landschaft. Er fand gerade an diesem Flecken besonderes Gefallen, legte hier erstmals 1889 mit Kaiserjacht und Flotte an, kam wieder, war Gast in Digermulen, stiftete die Kirche und bestieg mehrfach die 348 Meter hohe „Kaiserwarte" (Keiservarden). Zwei Gipfelsteinmänner sind mit Marmortafeln versehen, die heute wieder an die Besteigungen eines Berges erinnern, dessen Aussicht mit „kaiserlich" gut beschrieben werden kann. Keiservarden bietet ein wahrhaft majestätisches Panorama – den Raftsund, die überwältigende Bergwelt Austvågøy, die große Insel Stormola, den Vestfjord, die schärenreichen Gewässer südlich von Hinnøy und die ferne Gebirgswelt des Festlandes. Ein gut ausgebauter, markierter Wanderpfad führt von Digermulen, anfangs durch Wald, hinauf zum ungewöhnlich weiträumigen, vom Gletscher geglätteten Gipfelplateau, das einlädt zu ruhevollem Ausblick und längerer Rast. Gut Konditionierte können die Tour ausdehnen und gelangen auf schmalen Pfaden nach Norden zum Snowtind (640 m), der auch einen Blick längs der gesamten südwestlichen Bergkette der Hinnøy bietet – bis hin zum fernen Møysalen.

Møysalen

Ebenfalls nur gut konditionierten Bergwanderern ist die Besteigung des 1.262 Meter hohen Møysalen anzuraten, die nur bei entsprechendem Wetter und am besten im

▶ *Schwedischer Hartriegel. – Die weiß blühende Pflanze mit ihren leuchtend roten, ungenießbaren Beeren wächst besonders in der Zwergstrauchheide. Hier an der Keiservarde auf Hinnøy gedeiht sie besonders üppig.*

◄ *Keiservarde. – Die beiden Gipfelsteinmänner tragen Marmortafeln,*
auf denen an die Besuche des âeutschen Kaisers erinnert wird,
nach dem auch der Berg seiner Namen erhielt: Kaiserwarte.
Die Aussicht von dem leicht zu besteigenden Berg ist großartig.

▼ *Digermulen. – Der wunderschön am Raftsund gelegene kleine*
Ort war einst Ausgangspunkt für den Lofot-Tourismus und bis
vor wenigen Jahren nur mit dem Boot erreichbar. Heute gelangt
man – dank der Raftsundbrücke – auch auf der Straße hierher.
Blick von der Keiservarde über den Raftsund nach Austvågøy
zum Rulten (1.062 m); links die Insel Stormolla.

▶ *Gullesfjordbotn. – Mehr als 30 Kilometer vom offenen Meer*
entfernt liegt hier der innerste Zipfel des Gullesfjords, direkt an
der E 10, inmitten einer großartigen Bergkulisse – ein günstiger
Ausgangspunkt für Bootstouren und Bergwanderungen.

Rahmen einer geführten Wanderung von Kaljord aus er-
folgen sollte. Kaljord ist der Endpunkt einer landschaftlich interessanten Uferstraße längs des Sortland-
fjordes, die am Parkplatz kurz östlich des Tunnels von
der E 10 abzweigt.

Von Kaljord aus wird bei einer geführten Wanderung
der erste Teil des Weges per Boot auf dem Fjord zurückgelegt – bevor dann nach langem, steilem Anstieg und
dem Queren von Firnfeldern endlich der markante Gipfel des höchsten Berges von Vesterålen und Lofoten erreicht ist. Der Rundblick über Gebirge, Inseln und Meer
ist einmalig. Im Møysalenmassiv, das sogar mitten im
Sommer hin und wieder von einer dünnen Neuschnee-
decke überzogen wird, liegen auch zwei kleine Gletscher.
An seinem abgeflachten, lang gestreckten Gipfel ist der
Møysalen übrigens gut zu erkennen und von vielen Stellen der Vesterålen aus zu sehen.

Im Nordwesten

Auf Hinnøy konnte sich, ganz anders als auf der benachbarten Andøy, insgesamt kaum eine Strandflate ent-
wickeln, lag doch die Insel auch schon vor der Eiszeit
nicht in der direkten Brandungszone der Außenküste.
Nur auf der nordwestlichen Halbinsel zwischen Risøy-
sund und Godfjord gibt es früher durch die Brandung
geebnete Areale, welche durch die nacheiszeitliche Hebung trocken gelaufen sind: breite vermoorte Talgründe
und schmale, flache Ufersäume. Sie werden heute von
unzähligen kleinen Rinnsalen und Bächen aus den dichten Birkenwäldern der Berghänge durchflossen. Von For-
fjord an der Straße nach Andøy kann man in diese eigenwillige, unbesiedelte Landschaft hinein wandern –
möglichst in Gummistiefeln – und dabei vielleicht sogar
einem Elch begegnen.

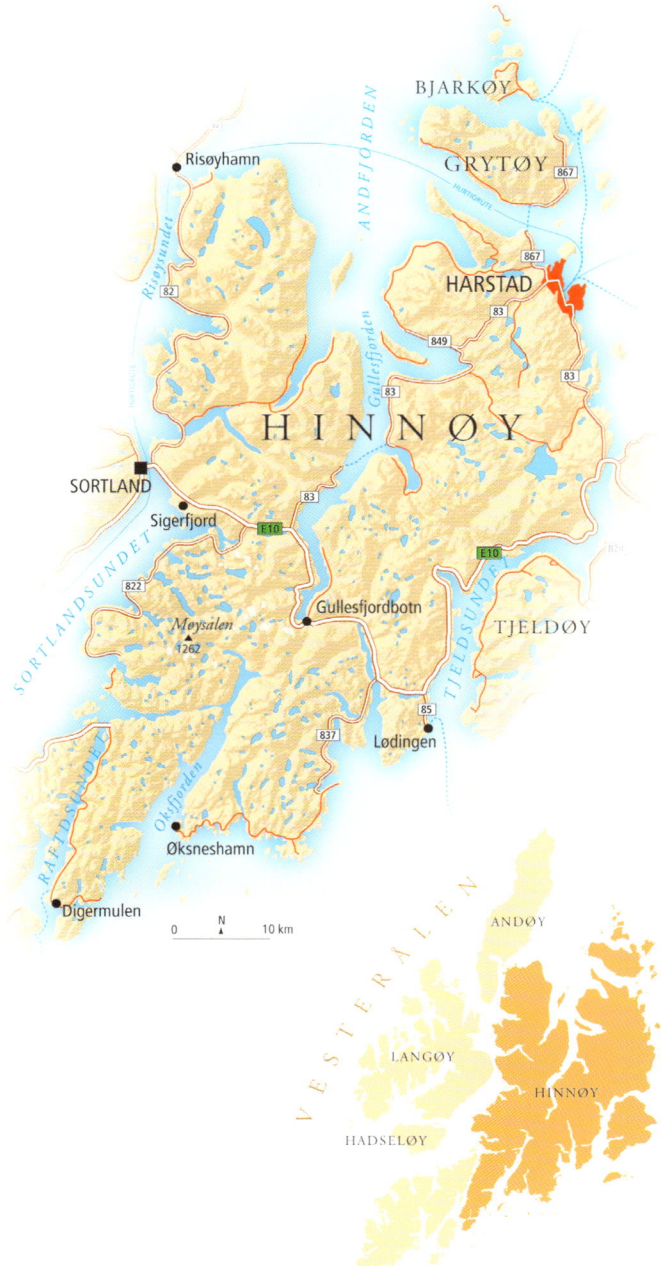

213

An der Südküste

Völlig anders als im Nordwesten zeigt sich die Südküste von Hinnøy, die am besten ohne jeden Zeitdruck
auf einer langen, schmalen, kurvenreichen Nebenstraße
zu erkunden ist. Diese zweigt in Kanstad von der E 10
ab und führt bis Øksnes immer längs der auffallend reich
gegliederten Küste. Diese bietet nicht nur viele schöne
Aussichten auf die fernen Gebirge des Festlandes und
auf den schärenreichen inneren Vestfjord. Der Weg führt
auch durch bewaldete Klippenareale, vorbei an kleinen,
von Prielen durchzogenen Marschwiesen, winzigen
Sandstränden, Uferschären und Blockstränden, verlandenden Buchten mit interessanten Pflanzen. Es lohnt
sich, ab und zu anzuhalten, einen Aussichtspunkt zu suchen. Dabei erkennt man am besten, wie ungewöhnlich
abwechslungsreich diese Landschaft beschaffen ist. Die
am Weg gelegenen Fischersiedlungen von Rindøy, Søvoll
und Vestbygd sind darin schöne Akzente.

Gullensfjord

Um die größte Insel Norwegens zu erkunden, bietet sich der Gullensfjord als zentraler Ausgangspunkt an. Im innersten Teil des mit rund 35 Kilometern längsten Fjordes von Hinnøy, am Gullensfjordbotn, gibt es einen günstig gelegenen Campingplatz mit vielen Hütten, ganz in der Nähe der E 10. Von hier aus führen gut begehbare Wanderwege in die wunderschöne Bergwelt hinein – so zu den Karseen des Vesterdals oder im bewaldeten Sørdal über den Pass hinüber zum Innerfjord. Auf dem stillen Gullensfjord sind auch jene Urlauber im geliehenen Ruderboot oder Kanu gut aufgehoben, denen das stärker bewegte Wasser an der Außenküste weniger zusagt. Und die Entfernungen zu den vielfach sehr exponiert gelegenen Ausflugszielen der Insel halten sich in Grenzen.

Harstad

Den bedeutendsten und einwohnerreichsten Ort von Lofoten und Vesterålen bekommen nur wenige Touristen zu sehen, liegt doch Harstad mit seinen mehr als 20.000 Einwohnern und dem Hurtigrutenkai abseits der E 10, rund 25 Kilometer nördlich der Tjeldsundbrücke.
Die sehenswerte Stadt bietet in ihrem schönen, dicht bewaldeten Hinterland besonders viele Wandermöglichkeiten. Nördlich von Harstad bestimmt Grytøy, eine große, hohe Insel mit steilwandigen Massiven das Landschaftsbild. Aus Richtung Andøy gesehen erinnert sie an eine Festung im Meer. Von Harstad-Stornes aus leicht mit der Autofähre zu erreichen, gilt das fast 1.000 Meter hohe Eiland als Geheimtipp für Entdecker – ebenso wird die wenig nördlich davon gelegene Bjarkøy mit ihrem traditionsreichen Fischerhafen und einem bemerkenswerten Vogelfelsen.

▲ *Am Raftsund. – Hurtigrutenschiff und eine kleine Fähre passieren den hier, an seiner schmalsten Stelle, nur etwa 200 Meter breiten Raftsund. Im Hintergrund erkennt man die Raftsundbrücke.*

◄ *Blick von der Raftsundbrücke. – Diese Aussicht nach Süden zeigt rechts das Gebirgsmassiv von Austvågøy, links Hinnøy. Der Raftsund als wichtiger Verkehrsweg führt zwischen beiden Inseln hindurch und trennt damit auch die Lofoten von den Vesterålen.*

▼ *Marschwiese. – In manchen stillen Buchten der Südostküste von Hinnøy sind kleine, von Wiesenprielen durchzogene Marschen entstanden, die mit ihrem Andelrasen sehr an die Nordseeküste erinnern. Im Hintergrund das Festland.*

Im Hafen von Vestbygd. – In der stillen Bresja-Bucht an Hinnøys Südküste liegen die kleinen Fischkutter neben den Angelbooten. Vestbygd und Øksneshamn sind ideale Ausgangspunkte für Angeltouren in das südlich gelegene Schärengebiet.

Blick zum Festland. – Von Ytterstad, im Südosten von Hinnøy, reicht der Blick über das Watt zu den fernen Gipfeln des Festlandes mit ihren Gletschern und Schneefeldern, die schon an der schwedischen Grenze liegen.

Watt bei Raften. – Ein kleines sandiges Watt in einer stillen Bucht des Raftsundes zeigt bei Ebbe ungewöhnlich große Bauten des Wattwurmes (auch Sandpierwurm genannt).

BEEREN SAMMELN

Manche Nordlandfahrer starten erst dann, wenn die Freunde der Mitternachtssonne schon längst wieder zu Hause sind. Sie schätzen nicht nur die Ruhe der Nachsaison, sondern auch die Beeren. Die reifen im August nördlich vom Polarkreis in Hülle und Fülle.

Blaubeeren findet man praktisch überall, in jedem Wald, an jedem Berghang, auf jeder Matte. Ihre Größe übertrifft oft alle aus den heimatlichen Wäldern gewohnten Normen. Eimerweise könnte man sie sammeln. Auch hier wird man wieder mit dem schon vom Angeln und Pilzesammeln bekannten Problem konfrontiert: Wie macht man den Segen haltbar? Einfrieren, Einzuckern, Marmelade kochen … Sollte der Zucker dafür im nächsten Supermarkt knapp sein (das passiert manchmal), dann liegt es meist nicht an der allgemein üblichen Beerenkonservierung, sondern an einer anderen, in Norwegen weit verbreiteten Verwendung des Zuckers.

Moltebeeren, die unreif rot, reif aber intensiv gelb leuchten, gelten den Norwegern seit jeher als wertvollste Frucht ihrer Natur. Sie sind ungemein reich an Vitamin C und wachsen an feuchten Stellen in Moor und Heide. Da sie Benzoesäure enthalten, können die Beeren sehr lange gelagert werden. Für den Gast gibt es nur ein Problem: Während man in Norwegen jede andere Wildfrucht prinzipiell überall in der Landschaft sammeln darf, darf man Moltebeeren nur dort pflücken, wo garantiert kein Eigner ernten möchte.

Die kleinen Sträucher der Rauschbeere (auch Trunkelbeere genannt) sind denen der Blaubeeren ähnlich: etwas größer, ihre Blätter blaugrün, die saftigen Früchte weißlich bereift. Sie sind aber keineswegs giftig oder berauschend, sondern schmecken vollreif wunderbar nach Kirschen.

Auch die ersten reifen Preiselbeeren gibt es im Nordland gegen Ende des Sommers. Man sollte sie aber nicht verwechseln mit den Früchten des Schwedischen Hartriegels, dessen leuchtend rote Beeren viel auffallender und hier häufiger, aber leider völlig ungenießbar sind (siehe Seite 211).

Die rankenden Zweige der Krähenbeere tragen oft große Mengen schwarz glänzender Früchte, die sich leicht abstreifen lassen, aber wegen ihrer vielen winzigen Kerne kaum zu verzehren sind. Der ausgepresste Saft ist, mit Zucker versetzt, nicht nur sehr wohlschmeckend, sondern auch äußerst vitaminreich.

▲ *Moltebeeren sind erst dann reif, wenn sie eine gelb-orange Farbe angenommen haben.*

◄ *Moltebeeren. – Auf solche Stellen wie hier auf Andøy trifft man manchmal bei ausgedehnten Bergwanderungen.*

► *Beeren des Nordens (von rechts oben im Uhrzeigersinn): Krähenbeeren, Moosbeeren, Blaubeeren, Himbeeren, Rauschbeeren, Preiselbeeren.*

IN DER TROMS

221

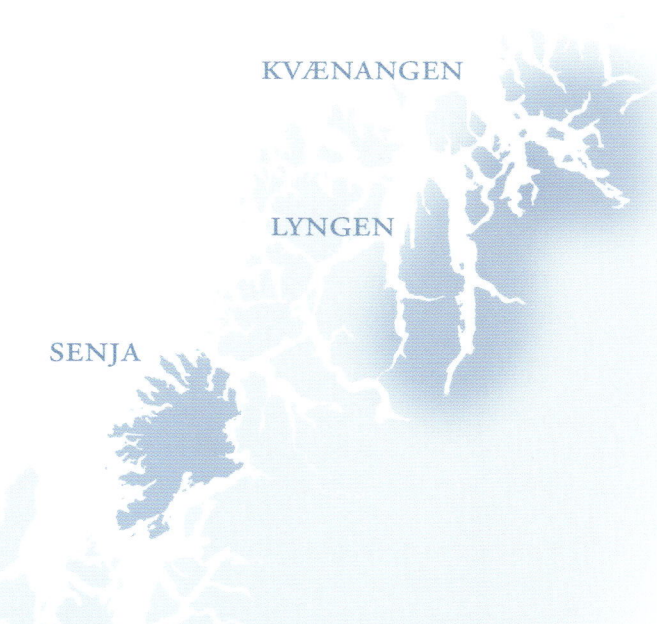

KVÆNANGEN

LYNGEN

SENJA

Blick zu den Lyngsalpen. – Mit seinen über 1.500 Meter hohen Gipfeln steht der Nordteil der gewaltigen Bergkette majestätisch über dem breiten Lyngenfjord, der sich vom Norden her über 80 Kilometer weit ins Land hinein erstreckt. Blick vom Storehaugen nach Westen.

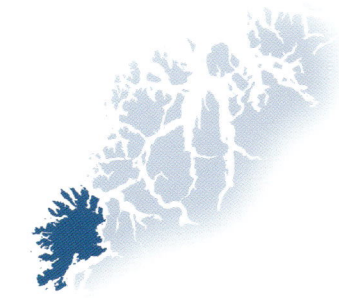

DIE INSEL SENJA
Unbekannte Schönheit

N̄ördlich von Lofoten und Vesterålen, abseits der Verkehrswege und unberührt vom Touristenstrom liegt Norwegens zweitgrößte Insel. Trotz ihrer beachtlichen Größe von 1.590 Quadratkilometern wird Senja – sehr zu Unrecht – nur wenig beachtet. Dabei genügt schon ein kurzer Blick auf die Landkarte, um das Interesse zu wecken. Bereits die lang gestreckten, schmalen Halbinseln, die sich an der Außenküste fingerförmig weit in das Nordmeer hinein erstrecken, versprechen interessante Landschaften. Senja ist wenig besiedelt und besitzt eine an Wäldern, Seen und Mooren ungewöhnlich reiche Natur.

Großartige Fjorde wie im Fjordland, steilwandige Gipfel wie auf den Lofoten, weiße Strände wie auf den Vesterålen – viele Landschaftselemente auf Senja sind mit anderen besonderen Sehenswürdigkeiten an der norwegischen Küste vergleichbar. Sie zu entdecken und zu erleben hängt im Wesentlichen davon ab, wie viel Zeit man sich für Senja nimmt. Hier gibt es keine die Insel umrundende Straße, dafür sehr viele weite, aber blind an der Küste endende Wege.

Von Finnsnes, der schön gelegenen, modernen Stadt am Gisund, führt die Brücke hinüber nach Senja. Wählt man dort die Straße 861 längs der besiedelten Ufer des Sundes nach Norden, so kann man den Osten und Norden der Insel erkunden. Um die anderen Gebiete zu entdecken, muss man aber wieder zurück, an der Brücke vorbei und weiter auf der Hauptstraße 86 in Richtung Westen. Von ihr zweigt die Straße 860 ab und führt, mit vielen interessanten Aussichten, über lange Strecken längs der Küste bis in den Südwestzipfel der insgesamt wenig besiedelten Insel.

Zeugen der Eiszeit
Schon bevor diese Straße die Küste erreicht, taucht eine landschaftliche Besonderheit auf: die zahlreichen winzigen Inseln des Storvatnet, einem See inmitten der ausgedehnten Wälder. Ebenso wie die Entstehung der von unzähligen kleinen Seen durchzogenen Waldgebiete in der Umgebung führt man sie zurück auf ein vom Inlandeis mit Lockermassen aufgeschüttetes Areal, in dessen Grund sich noch viele große Schollen „Toteis" befanden, die später abschmolzen und ein stark gegliedertes Relief hinterließen. Dessen Senken füllten sich alsbald mit Wasser, wurden zu Seen, aus denen heute die vielen kleinen Hügel als bewaldete Inseln herausragen. Nur wenig weiter öffnet sich von der Straße aus ein großartiger Blick auf die Bergmassive im Nationalpark Ånderdalen.

Ånderdalen-Nationalpark
Der einzige Nationalpark am Nordmeer erstreckt sich weit ins weglose Innere der großen Insel und ist nur zu erwandern. Die Raststätte bei Storjorda, an der Straße in Richtung Süden, ist der beste Ausgangspunkt für eine solche Wanderung. Birkenwälder und Moore bestimmen das Bild der weiten, wasserreichen Talregion; Hochheide (Tundra) das der ausgedehnten Fjellareale in seiner bergigen Umrandung. Der abwechslungsreiche Wanderweg führt durch lichte Wälder, teilweise auf Bohlenstegen über die Moore, längs des Wildwassers der Ånderelva bis hin zu den Seen im nördlichen Teil des Schutzgebietes. Die für den Nationalpark charakteristischen „Silberföhren" sind uralte, abgestorbene Kiefern, oft von bemerkenswerter Größe, die mit dem hellen Silbergrau ihrer Stämme und Äste leuchtend in der Landschaft stehen.

Im Südwesten
Eine von vielen Seen durchsetzte Strandflate säumt die Bergmassive der südlichen Halbinseln. Auf den sandigen Strandwällen wird auch etwas Landwirtschaft betrieben – auf Senja eher eine Ausnahme. Das kleine Fischereimuseum von Skrolsvik, im äußersten Südwesten von der Insel, trägt auch den Beinamen „Heilbuttmuseum". Neben zahlreichen anderen Gegenständen aus

▶ *Blick zu den „Ochsenhörnern". – Kurz hinter Steinfjord im Westen von Senja bietet sich diese großartige Aussicht – über die mit Seepocken bewachsenen Uferfelsen zu den ungewöhnlichsten Berggipfeln der Insel: Okshornan, über 500 Meter hohe Zinnen mit fast senkrechten Wänden.*

▲ *Ånderelva. – Der Wildwasserfluss im Ånderdalen Nationalpark durchfließt ein weites, vom Menschen unverändertes Tal mit Fjellbirkenwäldern, Mooren und Seen – ein Gebiet, das alle Ansprüche an ein so besonderes Naturreservat erfüllt.*

◄ *Im Ånderdalen Nationalpark. – In den weiten Moorgebieten des Nationalparks wachsen und vergehen, vom Menschen völlig ungestört, auch Kiefern. Uralte, abgestorbene Exemplare leuchten oft mit ihrem Hellgrau aus der Landschaft und werden als „Silberföhren" bezeichnet.*

▶ *Nebeltag im Süden. – Trüb, grau, windstill und mild – so wie hier auf der Halbinsel Stangnes zeigt sich die Küstenlandschaft auf Senja manchmal im Sommer. Dabei bietet sie doch unvergessliche Eindrücke wie diesen Blick zum Festland mit seinen tausend Meter hohen Bergen.*

der traditionellen Küstenfischerei zeigt man viele ungewöhnliche Gerätschaften, mit denen hier früher der Heilbutt gejagt wurde. In den flachen Gewässern des Schärengartens der Skrolsvik gab es damals den Heilbutt in gewaltigen, bis zu 300 Kilogramm schweren Exemplaren, die mit herkömmlichen Netzen oder Angelleinen nicht zu fangen waren. Mit Sichtgläsern erspähte man vom Boot aus die riesigen Fische auf dem sandigen Grund und stach sie dann mit langen Bambusstangen, die eine eiserne Harpunenspitze trugen. Von Skrolsvik aus gelangt man auf schmaler Straße an die schöne Westküste der Halbinsel. Dort gibt es einige zauberhafte, rein weiße Strände, an denen besonders viele winzige „Korallenstöcke" zu finden sind, also die wie kleine Korallen aussehenden Bauten kalkabscheidender Meeresalgen. Als besondere Strandpflanze rankt hier überall die Mertensie mit ihren blaugrünen Blättern und violetten Blütenglöckchen. Von Skrolsvik

führt auch ein Fußpfad hinauf zu den über 800 Meter hohen Gipfeln des Senjehesten-Massivs, von dem aus bei schönem Wetter ein überwältigender Panoramablick möglich ist – über den Süden von Senja, die Inselwelt der Vesterålen und die Küste des Festlandes.

Halbinseln im Nordwesten

Die markantesten Bergkulissen Senjas liegen an ihrer durch fünf große Halbinseln gegliederten Nordwestküste. Sie sind auf zwei entgegengesetzten Wegen zu erreichen. Von Süden her quert die Straße in einem langen Tunnel das fast tausend Meter hohe Stormoa-Massiv und führt weiter zur Halbinsel am Bergsfjord und zur Ortschaft Berg. Nach wenigen Kilometern endet die Straße bei Bø an einem schönen Strand. Hier gibt es viele verschiedene Muschel- und Schneckengehäuse, Seeigel und „Korallen" zu finden. Der Blick nach Süden schweift über den ausgedehnten Schärengarten der Bergsinseln

(Bergsøyan) mit ihren weißen Sandbänken. Auf den kleinen Inseln brüten nicht nur zahlreiche Graugänse und Eiderenten. Hin und wieder lagern hier auch Robben. Von Bø führt ein Wanderpfad über das Halbinselmassiv hinüber zum Steinfjord, der auch per Auto durch einen Tunnel von Berg aus erreichbar ist. Das Nordufer des Steinfjordes bietet eine ungewöhnlich interessante Klippenszenerie und dazu einen fantastischen Blick auf den beeindruckenden Bergrücken des Oksen auf der nächsten, am Ersfjord gelegenen Halbinsel. Seine steilwandigen Zinnen, darunter die „Ochsenhörner" (Okshornan), gehören zu den fotogensten Ansichten Senjas – ebenso wie der weite Sandstrand im Innersten des Ersfjords, die senkrechten Bergwände mit ihren Wasserfällen als Hintergrund und dazwischen die wenigen, winzig erscheinenden Häuser von Ersfjord.

Auf der „Rückseite" dieser Oksen-Halbinsel, Luftlinie nur etwa acht Kilometer entfernt, liegt der Hafen- und Fischerort Mefjordvær am Mefjord – auf der Straße sind es, von Ersfjord aus, mehr als einhundert Kilometer. Der innerste Teil des Mefjord wird steil überragt vom Breitind (985 m), dem höchsten Berg Senjas. Auf der gegenüber von Mefjordvær, zwischen Mefjord und Øfjord gelegenen, rund 30 Kilometer langen Kongan-Halbinsel gibt es kaum Weg noch Steg. Sie besitzt an ihrer Südwestseite ein gewaltiges, streckenweise fast 500 Meter hohes und nahezu senkrechtes Kliff.

Im Øyfjord, vor der gewaltigen Wand der nächsten Halbinsel, liegt – durch eine Brücke mit ihr verbunden – die Husøy. Die kleine, hohe, fast vollständig bebaute Insel ist ein Mikrokosmos, ein traditioneller Fischerort, von seiner Lage her einer der ungewöhnlichsten in Norwegen. Noch immer ernährt die Fischerei seine Bewohner – wie die vielen Kutter im Hafen und die langen Reihen von Trockengerüsten auf der Landseite beweisen. Zahlreiche Netzgehege, in denen Lachse gemästet werden, liegen im Husøysund.

Senjas Fjorde

Die tief eingeschnittenen Fjorde im Westen von Senja erinnern sehr an die im weit südlich gelegenen Fjordland. Das trifft besonders zu für den schmalen, lang gestreckten, steilwandigen Gryllefjord. Von dem gleichnamigen Ort an seinem Südufer verkehrt im Sommer eine Fähre hinüber nach Andenes auf Andøy – eine besonders von „Entdeckern" gern genutzte Möglichkeit. Das nördlich vom Gryllefjord gelegene, auffallend breite Gletschertal Ballesvikbotn ist kein Fjord mehr, sondern durch Landhebung trocken gefallen. Hinter dem breiten Strand und dem mit Dünen überhäuften Strandwall bedeckt ein ausgedehntes Moor seinen Talgrund. Fährt man dagegen vom Gryllefjord über den Pass nach Süden, so zeigt hier der zweizipfelige Torskefjord „klas-

Hamn i Senja. – Der originell restaurierte kleine Fischerhafen am Randes des ausgedehnten Schärengartens der Bergsinseln ist heute eine beliebter Ausgangspunkt für verschiedene Freizeitaktivitäten in der Natur. Blick nach Norden in Richtung Berg.

Ersfjord am Ersfjord. – Die Häuserzeile des abgeschiedenen Ortes liegt am Ende einer schmalen Straße, unmittelbar vor einer 700 Meter hohen Felswand und am Rande eines breiten, unberührt erscheinenden Sandstrandes im innersten Teil des Fjordes.

sische" Formen, überragt vom Bergmassiv Torsken. Um die auf seiner Rückseite, also nur wenig südlich gelegenen Fjorde – Sifjord und Selfjord – zu erreichen, sind fast 80 Straßenkilometer zurückzulegen. Die Fahrt dorthin, teilweise auf schmaler Straße und durch Tunnel, lohnt unbedingt. Denn gerade in diesem Küstenabschnitt Senjas zeigt die abwechslungsreiche Landschaft viele interessante Details – Sandstrände und -watten, Strandwälle und -seen, eine reiche Pflanzen- und Vogelwelt – und so üppig blühende Wegränder, dass man völlig vergisst, in der Arktis zu sein.

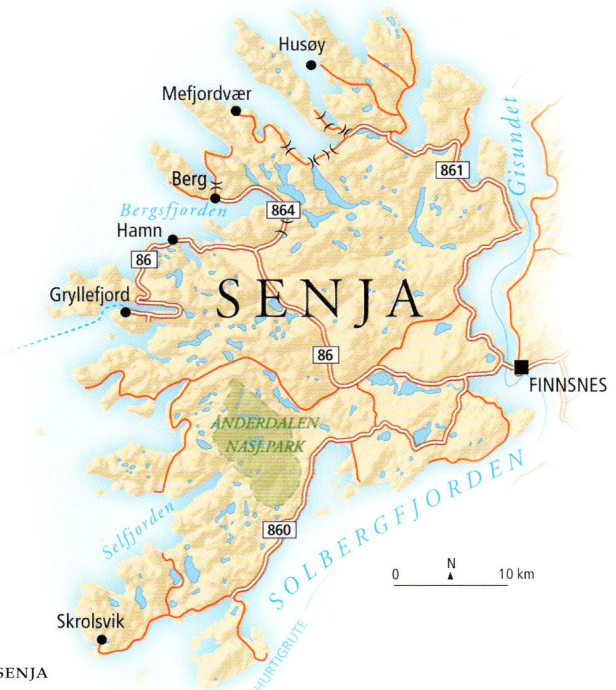

◄ *Svanfjellet. – Der Blick über das Svandal zum fast 900 Meter hohen Gebirgszug Svanfjellet im fast menschenleeren Inneren der Insel lässt etwas ahnen von Senjas eigenwilliger Schönheit. Deren Erkundung stellen sich oft Moore, Flüsse und Seen entgegen.*

► *Husøy. – Im Nordwesten von Senja, im Øyfjord, liegt diese ungewöhnliche Insel, die mit einer Fischersiedlung bebaut ist und heute durch einen Damm mit dem „Festland" verbunden.*

► *Strand bei Bø. – Ein besonderer Platz für Naturbeobachtungen ist dieses Ufer nur wenige Kilometer hinter Berg. Hier gibt es nicht nur die schöne Sicht auf die Schären der Bergsinseln und die Bergmassive dahinter, sondern auch den weiten Strand mit seiner interessanten Vegetation und dem vielfältigen Angespül.*

▼ *Storvatnet. – Zahlreiche winzige Inseln und schmale, lang gestreckte Halbinseln – alle mit Birken bewachsen – durchziehen diesen See im Südosten der Insel. Man nimmt an, dass abschmelzendes Toteis dieses ungewöhnliche Relief entstehen ließ.*

LOFOTEN NORDMEERKÜSTEN | DIE INSEL SENJA

STRANDWANDERN

An der Grenze zwischen Land und Meer zeigt sich hier im Norden die Natur besonders vielfältig. Abwechslungsreiche Ufer laden ein zu ausgedehnten Spaziergängen und fesseln die Aufmerksamkeit des interessierten Wanderers. Manchmal sind es kilometerlange feinsandige Strände, an anderer Stelle nur kurze sandige Abschnitte, die mit niedrigen felsigen Klippen wechseln. Es gibt Uferwiesen, Geröllbänke und Watten. Zahlreiche Strandpflanzen sind zu entdecken, Seevögel zu beobachten. Riesige Algen bedecken stellenweise den Strand. Für die Kamera finden sich im Nahbereich ungezählte Motive – einige davon bietet auch dieses Buch.

Verweilt man länger an einem Ufer, so wird der Lauf der Gezeiten deutlich. Der normale Tidenhub – die Differenz des Wasserspiegels zwischen Ebbe und Flut – beträgt an der Nordmeerküste etwa drei Meter, bei Springtide (besonders hoher Wasserstand bei Vollmond bzw. Neumond) können es auch einmal vier Meter sein. An den Stränden weicht das Wasser bei Ebbe oft weit zurück. Jede ablaufende Flut hinterlässt einen interessanten Spülsaum, an dem die Suche lohnt.

Der aufmerksame Strandläufer bemerkt bald, dass die Strandfunde hier wesentlich reichhaltiger sind als an der Nord- und Ostsee. Weil im Flachwasser meist Sand- und Felsgrund wechseln, ist auch die marine Flora und Fauna entsprechend vielfältig. An den Stränden findet man unter anderen winzige schönfarbige Schnecken, handtellergroße Schalen von Islandmuscheln, lang gestreckte Scheidenmuscheln, Napfschnecken, Wellhornschnecken, zerbrechliche Gehäuse von Seeigeln, Krabbenpanzer und Schwämme – so wie auf dieser Seite zu sehen. Auch die Strandfunde auf Seite 133 stammen alle vom Nordmeer.

◀ *Strandgeröll. – Während der größte Teil Senjas aus uralten Tiefengesteinen besteht, gibt es im Osten der Insel jüngere, metamorphe Gesteine. Deren Vielfalt zeigt sich auch an diesem Geröllstrand am Solbergfjord.*

▼ *Angespül vom Nordmeerstrand.*

LYNGEN

Alpenlandschaften am Nordmeer

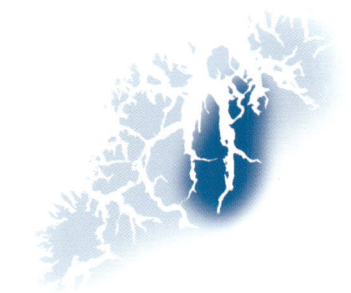

Auf der etwa 1.000 Kilometer langen Fahrt, die jeder Reisende längs der Nordmeerküste in Richtung Norden bereits auf der E 6 zurückgelegt hat, beeindruckten immer neue, großartige Gebirgslandschaften. Viele, die ihr Traumziel – das Nordkap – nun endlich erreichen möchten, sind schon übervoll mit Eindrücken von Gebirgen am Meer. So gleitet manchmal die für ganz Norwegen unvergleichliche Schönheit des Hochgebirges am Lyngen fast unbemerkt an den Autofenstern vorbei. Um Vergleichbares zu einer solch wahrhaft grandiosen Szenerie zu sehen, wie sie sich mit ihren fast 2.000 Meter hohen, mit Schnee und Eis bedeckten Gipfeln am Westufer dieses Fjordes aufbaut, müsste man sonst schon nach Neuseeland, Feuerland oder Alaska reisen.

Der Lyngsfjord ragt mit seinen fast 100 Kilometern von Norden her, vom Eismeer, in die Gebirge hinein. Fast ebenso lang ist die Kette der Lyngsalpen an seinem West-ufer. Auf langer Strecke führt die E 6 am Ostufer des Lyn-gen entlang und bietet immer neuen Aussichten auf das Massiv, das aus der Ferne mit seinen Zinnen und Glet-schern unnahbar, ja unzugänglich erscheint. Dieser Ein-druck trifft möglicherweise auf den nördlichen Teil des Gebirges zu. Im Süden aber gibt es großartige Mög-lichkeiten, in diese Bergwelt einzudringen.

Weg zu den Gletschern

Am innersten, sehr flachen Zipfel des Lyngsfjords zweigt eine schmale Nebenstraße von der E 6 ab und verläuft am Westufer entlang nach Lyngseidet. Nach knapp 30 Kilometern, an den wenigen Häusern von Furuflaten führt ein markierter Wanderweg hinein in das breite, tiefe Lyngstal. Ohne erhebliche Steigungen führt der Weg am rauschenden Gletscherbach entlang – teils durch of-fenes Gelände, teils durch dichten Birken- und Wei-denwald mit üppigem Unterwuchs. Mannshohes Farn-kraut überwuchert stellenweise den Pfad, der kaum Aussicht auf die Gipfel bietet. Nach etwa zweistündiger Wanderung öffnet sich der Blick unerwartet auf einen riesigen, von hohen Gipfeln gesäumten Talkessel, in den gleich drei, ganz unterschiedlich geformte Gletscher ihre Zungen hineinschieben. Überragt wird das Ganze vom höchsten Gipfel der Lyngsalpen, dem immer mit Schnee und Eis bedeckten Jiekkevarre (1.833 m). Der nördli-che Gletscher (Vestbreen) ist bereits so weit zurückge-schmolzen, dass er als „hängender" Gletscher eine steile, brüchige Eiswand bildet. Dagegen besitzt der südliche

Gletscher (Sørbreen), den man in halbstündiger Wan-derung erreicht, noch die charakteristische Zungenform und dazu eine vorgelagerte Endmoräne. Der ausge-dehnte, flache Talkessel ist völlig mit spärlich bewach-senen Kies- und Geröllmassen bedeckt, die von den zahl-reichen Gletscherbächen abgelagert wurden, die das Gelände durchströmen. An ihren Rändern wachsen dichte Moospolster, blühen Gletscher-Hahnenfuß und Arktischer Steinbrech.

Lyngseidet

Ein kleiner Fjord zerschneidet die Lyngsalpen in ihrer Mitte fast in zwei Teile. An ihm entlang und durch das schmale Quertal in seiner Verlängerung verläuft die Straße zu den Fähren, die im Westen über den Ulls-fjord in Richtung Tromsø fahren, im Osten – von Lyngs-eidet aus – über den Lyngsfjord zur E 6 bei Kåfjord. Vom beschaulichen Verwaltungsort Lyngseidet führt eine Ne-benstraße nach Norden – durch dichten Birkenwald und liebliche Hügellandschaft zwischen Fjord und Gebirge zum Fischerort Koppangen, vorbei an schmalen Strän-den und üppig blühenden Wiesen. Am winzigen Hafen von Koppangen, einst ein Handelspunkt, endet die Straße abrupt. Denn unmittelbar nördlich rücken die Lyngs-alpen so dicht an den hier zehn Kilometer breiten Fjord heran, dass hohe, senkrecht ins Wasser abtauchende Fels-wände auf viele Kilometer ein völlig unzugängliches Ufer bilden.

▶ *Blick zu den Lyngsalpen. – Mit etwa 1.500 Meter hohen Gipfeln steht der Nordteil der gewaltigen Bergkette über dem breiten Lyngenfjord, der sich vom Norden her über 80 Kilometer weit ins Land hinein erstreckt. Blick von der E 6 bei Kvalnes nach Westen.*

Skibotn

Das breite Delta, das der hier mündende, wasserreiche Skibotnelv einst in den Fjord schüttete, ist heute mit der weit gestreuten Ufersiedlung Skibotn bebaut. Der für den Tourismus wichtigste Ort der Lyngen-Region besitzt mehrere Campingplätze, Einkaufsmöglichkeiten und Tankstellen (in Lappland sind sie weit voneinander entfernt!). Hier trifft auch die E 8, die durch das beeindruckende Tal des Skibotnelv aus Finnland kommt, auf die E 6. Einen recht schönen Überblick über Fjord, Gebirge und die Ortschaft Skibotn bieten die Rabenklippen, etwas nördlich, oberhalb des Ortes gelegen und in knapp halbstündiger Wanderung zu erreichen. Von diesen Schieferfelsen aus ist auch der riesige deltaförmige

◄ *Weidenröschen. – Ihr flammendes Rot ziert im Sommer viele arktische Uferwiesen – so auch hier im südlichsten Teil des Lyngen.*

▼ *Mädesüß. – Viele Fjordufer – so wie dieses am Lyngsfjord bei Djupvik – sind nährstoffreich und daher üppig bewachsen. Auch Mädesüß gehört zu den Charakterpflanzen des Nordens. Hier entfaltet es seine volle Pracht.*

235

▲ *Sommernacht in Djupvik. – Um zwei Uhr nachts zeigt sich Ende Juli die Landschaft am Lyngen in einem zauberhaften Licht, das beständig wechselt. Die Berggipfel werden bereits von den ersten Strahlen der Sonne beschienen.*

Schwemmfächer in der Bucht vor der Flussmündung gut zu überblicken, der bei Ebbe trocken fällt und ausgedehnte, gelbliche Sandbänke freigibt. Nach Südosten reicht die Sicht weit hinein ins Tal des Skibotnelv, in dessen dicht bewaldeten Seitentälern einige kurze Wanderwege, darunter auch ein Naturlehrpfad, zur Entdeckung einer für diese arktische Region völlig ungewöhnlichen Pflanzenwelt (u. a. auch verschiedene Orchideen) einladen.

▲ *Steindalen. – In den tief eingeschnittenen Tälern der Lyngsalpen rauscht das milchige Wasser der Gletscherbäche durch dichten Birkenwald. Oft versperren sie den Weg in das Tal hinein.*

▼ *Skibotn. – Die Ortschaft am Ostufer des Lyngen erstreckt sich auf dem weiten Schwemmfächer, den der Skibotnelv aufgeschüttet hat. Auch heute noch bringt der Fluss seine sandige Fracht in den Fjord. Dadurch entstand ein Delta – zahlreiche Sandbänke, die bei Ebbe trocken laufen. Blick vom Svarteberg nach Süden.*

Djupvik

Bei der Fahrt auf der E 6 bieten sich stets neue, großartige Aussichten auf die Lyngsalpen. Immer wieder heißt es: anhalten, fotografieren. Wahrhaft überwältigend aber ist jenes Panorama, das sich von einem Gipfel unweit von Djupvik aus bietet. Unmittelbar an der E 6 liegt hier ein Campingplatz, an dem ein markierter Wanderweg beginnt, der anfangs durch welliges Gelände und schönen Birkenwald verläuft. Weiter aufwärts steigt er allerdings sehr steil an und führt schließlich über Halden aus plattigem Gestein hinauf zum 1.162 Meter hohen Gipfel des Storehaugen, dem wohl großartigsten Aussichtsberg am Lyngen. Denn belohnt wird der anstrengende Anstieg mit einem grandiosen Rundblick über den Lyngsfjord und die Lyngsalpen im Westen, im Norden – zum Eismeer hin – die Inselwelt mit Uløy und Skjevøy, das Kvænangen-Massiv im Osten sowie die alpine Gebirgswelt mit Schneewächten und Gletschern im Süden. Auf dem Gipfel zeugen mehrere hohe Steinmänner von der Popularität dieses Aussichtspunktes. Auffallend bei diesem Blick ist auch die flache Halbinsel, die sich bei Djupvik in den Lyngen hineinschiebt und der an ihrer Nordseite ein kilometerbreites Watt vorgelagert ist. Diese für Fjordufer ungewöhnliche Landschaft ist eine Endmoräne, die einst im spitzen Winkel am Zusammenfluss der Eisströme von Lyngsfjord und Rotsund abgelagert wurde. Durch die Brandung zurückgeschnitten, entstand an ihrer Nordseite das mit großen Findlingen bestreute Watt und ein niedriges Steilufer aus „Glazialschutt", das ein wenig an die Steilufer an der südlichen Ostseeküste erinnert. An der Spitze dieser Halbinsel stößt man übrigens auf die Relikte der „Festung Lyngen", mit der die Deutschen im 2. Weltkrieg auch hier eine mögliche Invasion der Alliierten verhindern wollten – hässliche Relikte mitten in dieser majestätischen Landschaft.

239

◄ *Lyngen und Lyngsalpen. – Die Aussicht von den Bergen am Ostufer des Fjordes gegen das Gebirgsmassiv im Westen zählt zu den großartigsten Landschaftsszenerien Norwegens und wird oft verglichen mit Neuseeland oder Feuerland.*

▲ *Steindalsgletscher. – Er gehört zu den zahlreichen kleinen Gletschern im hohen Südmassiv der Lyngsalpen und besitzt eine besonders schöne Zungenform, eine Mittelmoräne und ein „klassisches" Gletschertor (siehe auch S. 60/61).*

◄ *Lyngsdalen. – Inmitten der bizarren Bergwelt der südlichen Lyngsalpen liegt dieser bemerkenswert weite Talkessel, dessen Boden von den Gletscherbächen mit Geröll aufgefüllt wurde. Der Blick nach Süden zeigt die Endmoräne vor der Gletscherzunge des Sørbreen, die leicht zu erwandern ist.*

► *Storehaugen. – Der 1.162 Meter hohe Gipfel, der von Djupvik aus zu erwandern ist, bietet nicht nur einen großartigen Rundblick, sondern auch ein besonderes Gestein. Der hier anstehende Glimmerschiefer zerfällt in große Platten, die weite Teile des Berghanges bedecken und aus denen auch der Gipfelsteinmann gebaut wurde.*

BERGWANDERN

Bergfreunde geraten ins Schwärmen, wenn sie von ihren Wanderungen am Nordmeer erzählen. Wohl an keiner anderen Stelle in Europa trifft man auf solche Wege – auf wunderschöne, einsame Wanderpfade in hohen, „alpinen" Gebirgen direkt am Meer. Die Mühen anstrengender Anstiege werden oft mit so überwältigenden Aussichten belohnt, wie einige Fotos in diesem Buch zeigen.

Ja, anstrengend können manche dieser Wanderwege wirklich sein. Denn in der Mehrzahl sind es schmale, steinige und oft sehr steile Pfade. Nur wenige von ihnen haben Markierungen und entsprechen den „Normen" mitteleuropäischer Bergwanderwege. Genauer besehen sind viele der zahlreichen, in den topografisch exakten Wanderkarten der Lofoten und Vesterålen (Seite 37) eingezeichneten Routen derartige nicht markierte, manchmal kaum zu erkennende rutschige Steige – eher Schafpfaden ähnlich als Wanderwegen und nicht selten vom letzten Regenguss verwaschen. Oft bereitet es bereits Probleme, den Einstieg zum Bergpfad überhaupt zu finden.

Noch sind gedruckte Wanderführer für das Nordland rar. In den lokalen Touristeninformationen erhält man aber vielfach Informationsblätter über die Wanderwege der jeweiligen Insel bzw. Region mit Wegbeschreibungen und -skizzen. Die meisten dieser Touren sind Halbtags- oder Tageswanderungen. Hier und da genügt schon der ein- bis zweistündige steile Aufstieg zu einem Gipfel, um eine grandiose Aussicht zu genießen.

Bei diesen Bergwanderungen sollte das Wetter einigermaßen sicher, die Sicht möglichst klar sein. Wer in die tief hängenden Wolken hinein steigt oder die rasch heranziehende Bewölkung ignoriert, wird wenig Freude an seiner Tour haben. Bei den unmarkierten, schlecht zu erkennenden Pfaden besteht die Gefahr, den Weg zu verlieren. Auch wenn der zu besteigende Berg nur eine Höhe von 500 Metern besitzt, empfiehlt sich doch eine Ausrüstung wie für eine Tageswanderung im Hochgebirge.

Von großem Vorteil ist es, dass man bei seinen sommerlichen Bergtouren am Nordmeer nie von der Dunkelheit überrascht wird. So können Wanderungen durchaus auch am späten Nachmittag begonnen werden. Gerade die Abend- und Nachtstunden überraschen manchmal bei der Aussicht vom Gipfel mit zauberhaften Stimmungen.

▲ *Aufstieg zum Storehaugen. – Bei solchem schönen Sommerwetter ist auch die Querung von Schneefeldern bei Bergwanderungen kein Problem.*

▶ *Gipfelblick. – Viele der anstrengenden Anstiege am Nordmeer werden mit so großartigen Aussichten belohnt wie hier vom Storehaugen am Lyngsfjord.*

▼ *Fjellwanderung. – Nach anfangs steilem Anstieg führen manche Wanderwege über solche Hochflächen wie hier am Måtind auf Andøy.*

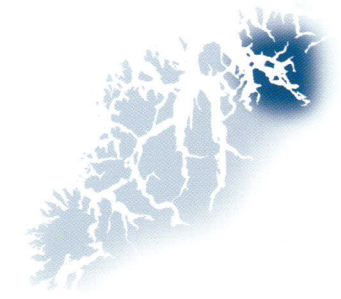

KVÆNANGEN

Buchtenreicher Eismeerfjord

Bevor die steilwandigen Hochgebirgsketten an der lappländischen Küste nach Nordosten hin langsam übergehen in sanftere, niedrigere Berglandschaften, gibt es am Ufer des Kvænangen nochmals dramatische Kulissen. Auch sie sind von der E 6 aus zu bewundern, erscheinen aber ganz anders als die am Lyngen. Der buchtenreiche Kvænangen-Fjord entstand durch das Schürfen mehrerer Gletscherzungen, die sich zu einem großen Eisstrom vereinigten.

Niedrige, weiße, lang gestreckte „Eismeerwolken" ziehen manchmal gegen das gewaltige Bergmassiv am Westufer des Kvænangen, das den gleichen Namen trägt wie dieser buchtenreiche Fjord. Es ist an vielen Stellen genau so unzugänglich, wie es auf den ersten Blick erscheint. Nur wenige Pfade laden ein, dieses schroffe, bis zu 1.200 Meter aufragende Massiv zu besteigen, das stellenweise wie eine Mauer fast senkrecht über dem Fjord steht. Die Aussicht vom Rastplatz am 400 Meter hohen Pass, über den die E 6 hier führt, bietet einen weiten Blick über den Fjord und seine Gebirgsumrahmung sowie, landeinwärts, auf die wellige Landschaft des Fjell mit ihren ausgedehnten Schneefeldern. Auf ihnen entdeckt man hin und wieder eine kleine Herde von Rentieren, die besonders bei sommerlicher Wärme dort Kühlung finden und nicht so stark von Fliegen belästigt werden.

Sørstraumen

Nur etwa 200 Meter breit ist Straumen, die Meerenge zwischen dem Kvænangen und dem rund 25 Quadratkilometer großen Kvænangsbotn, einem stillen Meeresarm, der etwa 30 Kilometer weit nach Süden reicht. Bei jedem Gezeitenwechsel bildet sich im Straumen eine rasende Strömung heraus, vergleichbar mit der am Saltstraumen. Von der Brücke, auf der bei Sørstraumen die E 6 über die schmalste Stelle des Gezeitenstromes führt, kann man dieses Schauspiel aus nächster Nähe bewundern. Große Schwärme von Möwen finden dann ihre Nahrung im strudelnden Wasser, die Angler vom Ufer aus oft eine gute Beute.

Der Kvænangsbotn ist auch auf der schmalen, teils nicht asphaltierten alten Hauptstraße zu umrunden – ein lohnender Umweg. Dabei kommt man vorüber an Wasserfällen wie Navitfossen, fährt anfangs durch Birken-, später durch Kiefernwälder. Von einem ausgedehnten Felsplateau im südlichsten, nochmals abgeschnürten Sørfjord ist die reizvolle, sehr zum Verweilen einladende Landschaft gut zu überschauen. Mit etwas Glück findet man am Wegrand die gelb blühende Charakterpflanze der Region – Kvænangsvalmue – den Lappland-Mohn in einer nur hier vorkommenden Unterart.

Alteidet

Auch im Osten säumen dichte Birkenwälder die stillen Seitenfjorde und Buchten des Kvænangen, wenige Kilometer vor der Finnmark. Besonders prächtig wachsen sie in manchen Bachtälern um den kleinen Ort Alteidet, der ein guter Rastplatz und Ausgangspunkt für Fahrten und Wanderungen in die nähere Umgebung ist. Im Watt der nahen Bucht lassen sich zahlreiche Seevögel beobachten. Die unmittelbar nördlich von Alteidet gelegenen Berge kann man sich von der Straße nach Jøkelfjord aus gut erwandern. Zum „Telekommunikationsmast" führt sogar ein bequemer Weg. Die Aussicht nach Süden reicht weit über die sanft geschwungenen Höhen des arktischen Fjells. Im Norden wölbt sich auf einem bis zu 1.200 Meter hohen Bergmassiv der flache Schild des Gletschers Øksfjordjøkul. Dessen südliche Zunge erfreut sich bei den Touristen besonderer Popularität.

▶ *Der Kvænangenfjord. – Nach der Fahrt auf der E 6 über den Kvænangenpass bietet sich diese reizvolle Aussicht nach Nordosten auf den an Buchten und Halbinseln reichen Fjord.*

Øksfjordgletscher

Man beschreibt ihn gern als „einzigen Gletscher Norwegens, der bis zum Meeresspiegel reicht". Genauer besehen ist es aber nicht die schmale südliche Eiszunge dieses kleinen Plateaugletschers, sondern das von ihr abgebrochene und hinabgestürzte Eis, das am Ufer des Jøkelfjords eine Halde bildet, einen „Sekundärgletscher" aus wieder zusammengefrorenen Eisstücken. Zu dieser Stelle gelangt man am Ufer des Fjords auf schmalem, sehr unbequemem Pfad. Einfacher ist es, sich vom Fischer in Øksfjord über das stille Wasser dorthin mit dem kleinen Motorboot fahren zu lassen – ein kurzer Landgang zum Eis ist eingeschlossen.

◄ *Jøkelfjord. – Von der oberen Gletscherzunge abgebrochenes und hinabgestürztes Eis bildet am Ufer des Jøkelfjords eine Halde aus wieder zusammengefrorenen Eisstücken. Daher gilt der Øksfjordjøkul als einziger Gletscher Norwegens, der bis zum Meeresspiegel reicht.*

▼ *Øksfjordgletscher. – Blick vom Vassnestind (896 m) bei Alteidet nach Norden. Im Nordosten des Gebietes wölbt sich auf einem bis zu 1.200 Meter hohen Bergmassiv der flache Schild des Øksfjordjøkul.*

247

◄ *Blick zum Kvænangenmassiv. – Das über 1.000 Meter hohe, teilweise unwegsame Bergmassiv erhebt sich am Westufer des Fjords, dessen übrige Ufer meist so beschaffen sind wie die arktisch karge Landschaft im Vordergrund und die Inseln Nöklan (vorn) und Skorpa.*

► *Am Sørstraumen. – Von dieser Brücke (über sie führt die E 6) erhält man einen guten Eindruck von der Gewalt des Gezeitenstromes zwischen Kvænangenfjord und Kvænangsbotn, der sich bei jedem Gezeitenwechsel einstellt.*

▼ *Vor Alteidet. – In der flachen Bucht vor Alteidet wurde von dem hier mündenden Bach viel Sand und Schlick abgelagert. Dadurch entstand inmitten der dramatischen Fjordlandschaft ein von Prielen durchzogenes kleines Watt, das bei Ebbe trocken läuft.*

248

▲ *Aussicht vom Vassnestind. – Der nördlich von Alteidet gelegene,*
▶ *fast 900 Meter hohe Berg mit seinem von Geröll bedeckten Gipfel*
bietet eine großartige Sicht auf Kvænangen, Øksfjordgletscher und
auch diesen Blick nach Süden, auf die weite Berglandschaft im
Inneren Lapplands. Die Eintragung ins Gipfelbuch gehört auch
hier zu den Höhepunkten einer Bergwanderung.

ABSCHIED

Dunkle Wolken ziehen über Kvænangen. Hin und wieder findet die späte Abendsonne ein Wolkenloch und schickt ihre Strahlen wie Scheinwerfer über die großartige Fjordlandschaft, taucht sie in ein zauberhaftes Licht. Das Wasser spiegelt golden den dramatischen Himmel. Von fern leuchten die Schneefelder des Gebirges.

Wir sitzen in unserem Gefährt, schauen ergriffen auf dieses Schauspiel. Inge hat, gerade so wie an jedem Abend, lange Tagebuch geführt – aufgeschrieben, was wir heute entdeckten und erlebten. Ich habe die vielen Filme sortiert, die schwere Mittelformat-Kamera durchgesehen und den Fotorucksack neu gepackt. Wir sind beide recht still.

Es ist wieder einmal unser letzter Abend im Norden Norwegens, den wir seit vielen Jahren mit großer Leidenschaft erkunden.

Morgen geht es nach Hause.

▲ *Navitfossen. – Ungezählte Wasserfälle stürzen von den norwegischen Küstengebirgen direkt ins Meer, so auch der Navitfossen am Westufer des Kvænangsbotn.*

Folgende Seite:
Abendlicht über Kvænangen. – Auch Bilder wie dieses bleiben als unvergessliche Erinnerung an die Nordmeerküsten zurück, an die zauberhafte Natur und Landschaft nördlich vom Polarkreis.

LOFOTEN
NORDMEERKÜSTEN

Entdecken und Erleben

Fakten und Zahlen

LOFOTEN

Austvågøy	526 qkm
Vestvågøy	412 qkm
Moskensøy	186 qkm
Flakstadøy	110 qkm
Gimsøy	46 qkm
Værøy	16 qkm
Røst	4 qkm
Gesamtfläche	*1.300 qkm*
Höchster Berg	*1.146 m*
Higravstind/Austvågøy	

VESTERÅLEN

Hinnøy	2.198 qkm
Langøy	948 qkm
Andøy	510 qkm
Hadseløy	102 qkm
Gesamtfläche	*3.758 qkm*
Höchster Berg	*1.262 m*
Møysalen/Hinnøy	

Eine der schönsten Küstenlandschaften der Welt mit hohen, steilwandigen Gebirgen im Meer, weiten, weißen Sandstränden und einer unglaublich vielfältigen Natur – das ist der Inhalt dieses Buches.

In 14 Kapiteln wird die norwegische Küste zwischen Polarkreis und Eismeer vorgestellt – unterteilt in jene Abschnitte, welche diese Karte zeigt.

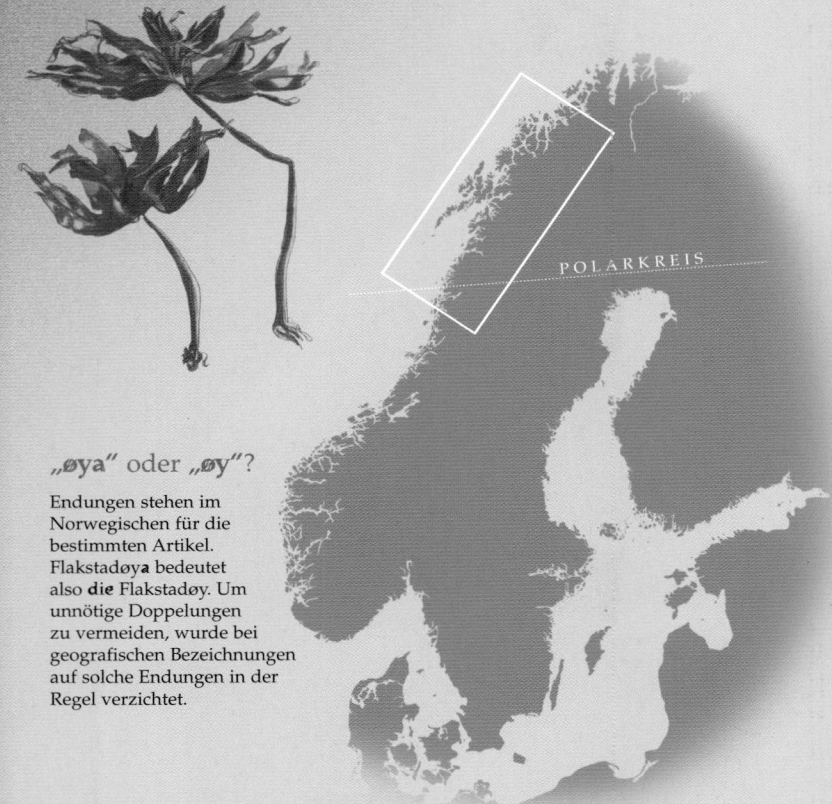

POLARKREIS

„øya" oder „øy"?

Endungen stehen im Norwegischen für die bestimmten Artikel. Flakstadøy**a** bedeutet also **die** Flakstadøy. Um unnötige Doppelungen zu vermeiden, wurde bei geografischen Bezeichnungen auf solche Endungen in der Regel verzichtet.